WAGENBACHS TASCHENBÜCHEREI

Achtzehnhundertvierunddreißig, im Jahr des *Hessischen Landboten,*
konzipierte Charles Babbage, Zwangsneurotiker, Fellow
der Royal Society, Begründer der Operatorenrechnung, die Lochkarte.

Die Herstellung einer Stecknadel teilte er in sieben Einzelvorgänge auf:
Ziehen Ausrichten Spitzen Drehen Mit einem Kopf versehen Verzinnen und Packen,
und den Lohnaufwand errechnete er bis auf einen Millionstel Penny genau.
Mehrere Steinwürfe weit vom Kamin des Herrn Babbage entfernt saß ein Kommunist
im British Museum, prüfte die Rechnung nach und befand sie für richtig.
Es war ein nebliger Abend. Aus den Mahl- und Speicherwerken der Industrie
drang ein leises, unaufhörliches Knirschen.
Die großen unvollendeten Werke: *Das Kapital* und die Analysis-Maschine.
Vierzig viktorianische Jahre. Der erste Digitalrechner,
ohne Vakuumröhre, ohne Transistor. Fünf Tonnen schwer,
so groß wie ein Zimmer, ein Räderwerk aus Messing,
Hartzinn und Stahl, angetrieben von Federn und von Gewichten,
jeder Rechnung fähig, imstande, Schach zu spielen,
Sonaten zu komponieren, mehr als das: *jeden Prozeß zu simulieren,*
der die Beziehungen zwischen beliebig vielen Elementen verändert.

Hans Magnus Enzensberger

Peter Brödner, Detlef Krüger, Bernd Senf

Der programmierte Kopf

Eine Sozialgeschichte der Datenverarbeitung

Verlag Klaus Wagenbach Berlin

Wagenbachs Taschenbücherei 82

Umschlagentwurf: Jürgen Holtfreter unter Verwendung einer Zeichnung von Franz Schulz
Satz und Druck: DRUCKHAUS Neue PRESSE Coburg
Bindung: Hans Klotz, Augsburg
Repros: Reprowerkstatt Rink und Silbermann, Berlin

ISBN 3 8031 2082 9

Inhalt

Einleitung

Computer spielen Schach und Computer spielen Krieg. An zwei Tagen im Juni 1980 hatte der Dritte Weltkrieg schon begonnen: sowjetische Atomraketen im Anflug auf die USA - amerikanische Atombomber startklar - Gefechtsstände von Interkontinentalraketen in Alarmbereitschaft - Raketen mit Wasserstoffbomben in U-Booten abschußbereit. Nicht science fiction, sondern Computerwirklichkeit. Ein Fehler im Computer des amerikanischen Luftverteidigungszentrums hatte zweimal »falschen Alarm« ausgelöst und für zwanzig Minuten zum Krieg mobilisiert, ehe der Computerirrtum erkannt und der Alarm zurückgenommen wurde.

Besteht die Gefahr eines Krieges aus Versehen, eines »Krieges aus dem Computer« sozusagen? Der amerikanische Computerfachmann und Computerkritiker Joseph Weizenbaum jedenfalls ist skeptisch und meint, daß Undurchschaubarkeit und Fehlerhaftigkeit der Computersysteme wachsen und durch sie sogar Kriege ausgelöst werden können.

Und der Schach-Computer: Von Werbemanagern als technische Errungenschaft kreiert, ist er für etwa hundert Mark in jedem Kaufhaus zu haben. Wie stark muß der Mensch schon von Technik geprägt sein, wenn er in seiner Freizeit oder beim Spiel lieber mit Maschinen als mit anderen Menschen »kommuniziert«. Liegt es an der »täglich massenhaften Vernichtung von elementaren menschlichen Fähigkeiten« (Illich) in unserer von Technologie geprägten Gesellschaft?

In den vergangenen zehn Jahren hat sich die Computertechnologie und mit ihr die elektronische Datenverarbeitung so rasant fortentwickelt, daß wir heute auf der Schwelle revolutionärer Umwälzungen in der Arbeitswelt und im gesellschaftlichen Zusammenleben der Menschen stehen.

Millimetergroße Mikroprozessoren, sogenannte ›Chips‹, greifen die menschliche Existenz auf verschiedenen Ebenen in einem bisher undenkbaren Ausmaß an: einerseits als Instrument der Rationalisierung und Automatisierung von Kopfarbeit und andererseits als Maschinensystem von unbegrenzter Überwachungsmöglichkeit. Jahrhundertelang haben Werkzeuge und Maschinen den Zweck erfüllt, die *Handarbeit* des Menschen zu unterstützen und zu ergänzen – mit dem Computer aber wird die Mechanisierung von *Denkprozessen* angestrebt. Die grundlegende technische Revolution liegt dabei in der universellen Einsatzfähigkeit des Computers für jede Art von Informationsverarbeitung, die durch logische Gesetzmäßigkeiten beschreibbar und damit »programmierbar« ist. Computer sind in der Lage, Löhne zu berechnen, chemische Prozesse zu regeln, Raketen zu steuern, Texte zu übersetzen, Telefongespräche zu überwachen, usw.

Materielle Grundlage der Mikroelektronik ist das auf der Erde unbegrenzt vorhandene Element Silizium – insofern sollte man den Ausspruch »Mikroprozessoren kennen keine Utopie« sehr ernst nehmen: hier jedenfalls gibt es keine technischen Grenzen des Wachstums. Von der Computertechnik werden nach Schätzungen des Bundesministers für Forschung und Technologie in den nächsten zehn Jahren etwa 10 Millionen Arbeitsplätze betroffen sein, d. h. die Hälfte aller Erwerbstätigen in der BRD. Ist also schon allein aufgrund der Computertechnik eine große Massenarbeitslosigkeit zu befürchten? Gewiß – und Computer werden Kündigungen schreiben, während die Arbeitsämter verstärkt Computer anwenden werden, um die Arbeitslosigkeit zu bekämpfen ....

Immer weitere Bereiche werden von der elektronischen Datenverarbeitung durchdrungen – gestern der industrielle und öffentliche Verwaltungssektor, heute die Textverarbeitung und morgen der Dienstleistungsbereich; und immer wieder: Maschinen statt Menschen. Durch die Verbindung von Telefon-, Fernseh- und Computertechnik werden darüber hinaus »Neue Medien« getestet, die die Kommunikation auf den Umgang mit einem Datenterminal im Wohnzimmer reduzieren. Per Knopfdruck können damit Kaufhausangebote eingeholt, Waren bestellt und Banküberweisungen durchgeführt sowie elektronische Briefe auf dem Fernsehschirm empfangen und die Bildschirmzeitung gelesen werden. Immer häufiger werben die Computerkonzerne mit dem Slogan »Der Computer braucht keinen Urlaub, wird nur sehr selten krank und streikt nicht«. Andererseits versuchen sie, bei Arbeitnehmern, Betriebsräten und Gewerkschaften besonders dadurch akzeptiert zu werden, daß sie eine »Humanisierung der Arbeitswelt« durch elektronische Datenverarbeitung vorgeben.

Dabei werden durch EDV-Systeme häufig qualifizierte Sachbearbeitertätigkeiten entwertet; nur noch wenige Beschäftigte führen anspruchsvolle Arbeiten aus, viele dagegen Hilfs- und Bedienungsfunktionen in der Interaktion mit Computern. Zudem verschlechtern sich die Arbeitsbedingungen schrittweise, da immer häufiger Leistung und Verhalten der Beschäftigten im Umgang mit Computern automatisch überwacht werden.

Schon kündigt sich darüber hinaus eine neue Form der Heimarbeit an: wer mit EDV arbeitet, kann dies auch mit einem Terminalanschluß zu Hause. Das betrifft beispielsweise das Programmieren, aber auch computerorientierte Sach- und Textbearbeitung vieler Angestellter. Steht also die Parzellierung und Vereinzelung diverser Beschäftigungsverhältnisse bevor?

Fast täglich liest man Zeitungsberichte über Computereinsatz, EDV-Anwendungen und mikroelektronische Innovationen - und doch ist der Computer ein Automat, über dessen Entwicklung, Einsatzpotential und Folgen die wenigsten hinreichend informiert sind. Angesichts einer weit verbreiteten Fetischisierung und Verdrängung des Computers ist es Computerkonzernen und ›Experten‹ ein leichtes, ihn weiter zu mystifizieren. Daß die elektronische Datenverarbeitung noch nicht ausreichend in das Zentrum öffentlicher Diskussion gerückt ist, liegt sicher auch daran, daß die Gefahren des Computereinsatzes - im Gegensatz zur Kernkraft - nicht »sichtbar« sind. Der Computer kann lautlos Daten in unbegrenzter Menge erfassen, sammeln und verarbeiten .....

Vor allem die politische Dimension der EDV - ihr Potential zur Überwachung, zur Veränderung von Machtstrukturen durch Informationsmonopolisierung, Anonymisierung von Verantwortung, Forcierung der EDV-Entwicklung durch militärisches Interesse - wird verschwiegen und aus dem öffentlichen Bewußtsein verdrängt. Auch in der Informatik - der Wissenschaft von den Computern - selbst wird der Forschungsgegenstand in seiner Entwicklung kaum reflektiert. Von einigen Ausnahmen (etwa J. Weizenbaum) abgesehen, werden die Bedingungen und Folgen der Entwicklung und Anwendung von EDV so gut wie nicht untersucht. Allein einige Auswirkungen auf Arbeit und Beschäftigung sind gelegentlich, wenn auch noch unzureichend, Gegenstand der empirischen Sozialforschung geworden. Wird auf die Entstehungsgeschichte des Computers überhaupt eingegangen, dann nur in der Form, daß einige herausragende Erfinderpersönlichkeiten geschildert werden, deren »Genius« oder »Erfindergeist« diese oder jene Maschine oder Methode zu verdanken sei. Die Erkenntnis der beiden wichtigsten Zusammenhänge, der inneren Logik der Entwicklung sowie deren Einbettung in das jeweilige gesellschaftliche Leben, bleibt bei dieser parzellierten Darstellung auf der Strecke.

Unsere Absicht ist es dagegen, den Wirkungszusammenhang von Technik und Gesellschaft am Beispiel des Computers zu untersuchen und dem Mythos von der Eigendynamik des Technischen Fortschritts entgegenzutreten. Um überhaupt verstehen zu können, worin die universelle Einsatzfähigkeit des Computers besteht, unter welchen Bedingungen sich diese Technik entwickeln konnte, welche Umstände die Anwendung wesentlich bestimmen und welche Folgen dies hat, ist es notwendig, die gemeinsamen Wurzeln all dessen aufzuspüren. Seinem Charakter als Arbeitsmittel entsprechend liegt es nahe, den Ursprung der Computerentwicklung in den besonderen Eigenschaften menschlicher Arbeit und in bestimmten Veränderungen von Arbeitsprozessen zu suchen. Daher wird zu Beginn des Buches nach den Ursachen und gesellschaftlichen Antriebskräften der Trennung von Hand- und Kopfarbeit und deren Rationalisierung und Automatisierung gefragt und danach die damit zusammenhängende 350jährige Geschichte der mechanischen Rechentechnik als Basis elektronischer Datenverarbeitung skizziert. In den übrigen Teilen wird dann im einzelnen auf die Bedingungen, Entwicklung und Folgen computerorientierter Informationsverarbeitung eingegangen. Dabei wird auch versucht, Handlungsmöglichkeiten und Maßnahmen darzustellen, die Interessen der Beschäftigten beim EDV-Einsatz einzubeziehen. Gerade angesichts der erwähnten Verdrängung und Mystifizierung des Computers halten wir diese Diskussion für dringend notwendig.

Die Abtrennung des Kopfes

Ausgangspunkt unserer Betrachtung ist die Arbeit, die von Beginn an den Menschen als praktische und zweckmäßige Tätigkeit der Produktion von Lebensmitteln zur Befriedigung ihrer Bedürfnisse (nach Nahrung, Kleidung, Wohnung, Kommunikation etc.) eigen ist. Sie ist aktive Auseinandersetzung mit der Natur als der unabhängig vom Menschen existierenden Wirklichkeit sowie das Zusammenwirken verschiedener Individuen untereinander, das die gesellschaftlichen Verhältnisse begründet. Zur menschlichen Arbeit gehört weiter, daß die Menschen über den Prozeß des Stoffwechsels mit der Natur Beobachtungen anstellen, Erkenntnisse über dessen Wirkungsweise gewinnen und gezielt auf ihn einwirken. Mit anderen Worten, daß sie über ein erkenntnismäßiges Modell des Prozesses verfügen (vgl. MEW 23, S. 192 f.; Rubinstein, S. 65 f. und S. 248 f.). Ein solches Modell wird im wesentlichen in zwei Stufen gewonnen: zunächst durch sinnliche Wahrnehmung, bei der mit Hilfe der Sinnesorgane Eindrücke, Empfindungen und deren äußere Zusammenhänge aufgenommen werden; sodann durch die auf der sinnlichen Wahrnehmung basierende rationale Erkenntnis, bei der sich ein Bewußtsein über die eigene Tätigkeit in Form von Begriffen und deren Beziehungen untereinander herausbildet: »Somit ergibt die Analyse des Denkvermögens das letztere als Fähigkeit, aus dem Besonderen das Allgemeine zu erforschen« (Dietzgen, S. 19). Auch das Zusammenwirken der Individuen setzt eine bewußte Kommunikation voraus, die Sprache.

Das begrifflich gefaßte Wissen erlaubt es den Menschen, verschiedene Arbeitsmittel (Werkzeuge, Maschinen) zu entwickeln, mit denen sie zunehmend nur noch indirekt, d. h. mittels dieser technischen Instrumente, auf den Arbeitsgegenstand einwirken. Ein immer größerer Teil an Erkenntnis ist also in technischen Systemen vergegenständlicht.

Beim Beobachten der Natur und von Arbeitsvorgängen sowie beim Entwickeln von Modellen und Handlungsanweisungen bedienen sich die Menschen bestimmter formalisierter Informationen: den sog. Daten. Diese stellen eine Abstraktion der Wirklichkeit dar, nämlich auf die für die jeweilige Arbeitsaufgabe als wichtig erachteten Aspekte; die nebensächlichen Eigenschaften oder Besonderheiten bleiben dabei unberücksichtigt.

Wodurch unterscheidet sich die Datenverarbeitung prinzipiell von der materiellen Produktion, der Informationsverarbeitungsprozeß vom stofflichen Fertigungsprozeß? Obwohl sich heute in einem industriellen Unternehmen Datenverarbeitung und materieller Arbeitsprozeß in bestimmter Weise ergänzen, haben sich diese Tätigkeiten doch fast vollständig voneinander gespalten. Der Arbeiter in der Fabrik durchschaut nicht den Ablauf der Datenverarbeitung und dem Angestellten fehlt in der Regel die Erfahrung im Produktionsprozeß. Diese Trennung der Funktionen zwischen beiden Bereichen (aber darüber hinaus auch *innerhalb* jedes einzelnen Bereichs) hat es nicht immer gegeben. Im folgenden soll zunächst ganz grob herausgearbeitet werden, wie es zu einer solchen Aufspaltung kommen konnte.

Im vorkapitalistischen handwerklichen Produktionsprozeß gab es noch keine Teilung von Datenverarbeitung und materiellem Arbeitsprozeß. Der einzelne Handwerker machte selbst seinen Plan darüber, welche Produkte er in welcher Ausführung mit welchen Materialien herstellen wollte; er hatte bestimmte Vorstellungen darüber, welche Werkzeuge in welcher Reihenfolge zum Einsatz kommen und wie überhaupt der gesamte Produktionsablauf aussehen sollte. Diese in seinem Kopf entwickelten Vorstellungen wurden zur Grundlage für die handwerkliche Umsetzung, die der Handwerker in allen ihren einzelnen Arbeitsschritten selbst verrichtete. Kopfarbeit und Handarbeit bildeten unter diesen Bedingungen in der Person des Handwerkers noch eine Einheit.

Dennoch lassen sich auch hier schon die beiden Aspekte des Produktionsprozesses begrifflich unterscheiden: Auf der einen Seite der »materielle Arbeitsprozeß«, d. h. die stoffliche Veränderung des Materials, auf der anderen Seite eine bestimmte Vorstellung, ein bestimmtes »Erkenntnismodell« über den Ablauf des materiellen Arbeitsprozesses. Immer wieder werden bestimmte Erfahrungen aus dem materiellen Arbeitsprozeß intellektuell verarbeitet; diese Erkenntnis führt zu Schlußfolgerungen für die weitere Gestaltung dieses Prozesses.

Wenn in der handwerklichen Produktion Kopfarbeit und Handarbeit noch eine Einheit bilden, wie konnte es dann dazu kommen, daß sich einerseits die Handarbeit innerhalb eines Produktionsablaufs in immer isoliertere Teilprozesse aufspaltete und sich andererseits eine Trennung zwischen Hand- und Kopfarbeit durchsetzte?

Die Anfänge der kapitalistischen Warenproduktion vollzogen sich in den Manufakturen, in denen eine größere Zahl von Lohnabhängigen unter dem Kommando eines Kapitals zusammengefaßt wurde. Das eingesetzte Kapital unterlag – den Gesetzmäßigkeiten kapitalistischer Warenproduktion entsprechend – dem Zwang zur Verwertung, d. h. zur Produktion und Akkumulation von Mehrwert.

Schon in den Anfängen des Kapitalismus ergab sich dadurch in den Manufakturen die Tendenz zur Veränderung der vorgefundenen Produktionsmethoden. Deren Auswirkungen auf den Arbeitsprozeß sollen im folgenden grob skizziert werden. Die erste Stufe der Manufaktur bestand zunächst in der Zusammenfassung vieler einzelner Produzenten unter ein Kapital (und unter einem Dach), wobei zunächst die herkömmliche Produktionstechnik übernommen wurde und die Einsparung z. B. durch die gemeinsame Nutzung von Räumen und Werkzeugen begründet war. Die massenhafte Zusammenfassung gleicher Produktionsprozesse unter einem Dach brachte aber auch das massenhafte Auftreten gleicher Arbeitsschritte mit sich und schuf damit die Voraussetzung für eine grundlegende Umorganisation des Arbeitsprozesses, nämlich seine Zersplitterung. Die einzelnen Arbeiter konzentrierten sich jeweils nur auf eine spezielle Teilverrichtung und entwickelten darin besondere Fertigkeiten, so daß insgesamt die Summe der Produkte anstieg. Die Produktivitätssteigerung ging allerdings einher mit einer Entmachtung der unmittelbaren Produzenten, die nun zunehmend den Überblick über den Gesamtprozeß verloren. Die Identifizierung mit dem Gesamtprodukt und mit der Arbeit überhaupt ging auf diese Weise immer mehr verloren, die Produzenten entfremdeten sich von den in ihnen steckenden kreativen Möglichkeiten.

Der Verlust des Überblicks bei der Masse der spezialisierten Arbeiter machte nun eine übergeordnete Planungs- und Leitungsinstanz zur Koordinierung der Einzelarbeiten erforderlich, um den ökonomisch zweckmäßigen Fluß der Produktion zu gewährleisten. Bei der Abspaltung der planenden und leitenden von der ausführenden Tätigkeit wurden die den ganzen Arbeitsprozeß betreffenden Kenntnisse und Daten den unmittelbaren Produzenten zunehmend entzogen und beim Leitungspersonal konzentriert.

Was das Kapital beabsichtigte, formulierte beispielsweise der deutsche Rüstungsgroßindustrielle Krupp 1874 mit dankenswerter Deutlichkeit: »Was ich erstreben will ist, daß nichts abhängig sein soll von dem Leben oder Dasein einer bestimmten Person, daß mit derselben kein Wissen und keine Funktion entweiche, daß nichts geschehe, nichts geschehen sei (von eingreifender Bedeutung), das nicht im Zentrum der Prokura bekannt sei oder mit Vorwissen und Genehmigung derselben geschehe, daß man die Vergangenheit der Fabrik sowie die wahrscheinliche Zukunft derselben im Büro der Hauptverwaltung studieren und übersehen kann, ohne einen Sterblichen zu fragen« (zit. nach Kocka, S. 227).

Zweck und Mittel waren gegen Ende des vorigen Jahrhunderts klar umrissen. Die Trennung von Hand- und Kopfarbeit führte damit zur Herausbildung einer innerbetrieblichen Hierarchie: Je entfremdeter die Handarbeit wurde, desto stärker wurden die Verweigerungstendenzen der unmittelbaren Produzenten in der Arbeit und desto notwendiger aus der Sicht des Kapitals die Kontrollfunktionen der Leitung gegenüber den Produzenten. Während die

Masse der Handarbeiter im Zuge der Durchsetzung der Arbeitsteilung dequalifiziert wurde, erforderte die zunehmende Kompliziertheit der Arbeitsorganisation für die leitenden Tätigkeiten eine wachsende Qualifikation.

Durch das Wachsen der Industrieunternehmen sowie durch einen technisch immer komplexer werdenden Produktionsprozeß (vermehrter Einsatz technischer Arbeitsmittel unter Verwendung von Wärme- und elektrischen Kraftmaschinen) wurde die Kontrolle des Arbeitsprozesses für das Management zunehmend schwieriger. Die Trennung von Handarbeit und Kopfarbeit wurde in den großen Industrieländern USA, England, Deutschland und Frankreich stetig vorangetrieben; dabei wurde die Organisation des Arbeitsprozesses und seine Kontrolle wesentlich verfeinert und - am Anfang dieses Jahrhunderts - durch den Amerikaner F. W. Taylor »verwissenschaftlicht«. Bevor er verschiedene Abhandlungen über das von ihm begründete ›scientific management‹ veröffentlichte (»Die Betriebsleitung«, »Die Grundsätze wissenschaftlicher Betriebsführung«, u. a.), hatte er mehrere Jahrzehnte in verschiedenen Produktionsbereichen (Metallverarbeitung, Stahlindustrie) gearbeitet, Arbeitsprozesse beobachtet und zahllose Experimente durchgeführt - beispielsweise von 1880 bis 1906 in einem Stahlunternehmen, in deren Verlauf er zehntausende von Tests protokollierte, systematisierte und daraufhin Arbeitsanweisungen aufstellte. Bei diesen Untersuchungen ging es Taylor vor allem darum, mit wissenschaftlichen Methoden ein genaues Wissen über den Arbeitsprozeß für das Management zu sammeln, um einerseits von den Fähigkeiten und Kenntnissen der Arbeiter unabhängig zu sein und andererseits den Arbeitern exakte Zeitvorgaben zu machen sowie deren Handlungsspielräume einzuengen.

H. Braverman hat in seinem wichtigen Buch *Die Arbeit im modernen Produktionsprozeß* prägnant die Prinzipien des ›scientific management‹ charakterisiert: »Wenn also das erste Prinzip das Zusammentragen und Ausarbeiten von Kenntnissen über den Arbeitsprozeß ist und das zweite die Zusammenfassung dieses Wissens im ausschließlichen Handlungsbereich des Managements - einschließlich seines unerläßlichen Gegenstücks, des Fehlens derartiger Kenntnisse bei den Arbeitern –, so ist das dritte die Verwendung dieses Wissensmonopols dazu, jeden Schritt des Arbeitsprozesses und seiner Ausführungsweise zu kontrollieren« (Braverman, S. 98).

Wesentliches Element des ›Taylorismus‹ war die systematische Vorausberechnung und Kontrolle des Arbeitsprozesses durch das Management. Lassen wir dazu Taylor selbst zu Wort kommen; er betont in seinem Buch *Shop Management*, daß sein System »darauf abzielt, eine neue und deutliche Trennung von Kopf- und Handarbeit in allen Werkstätten einzuführen. Sie gründet sich auf das genaue Zeit- und Bewegungsstudium jeder Arbeitsaufgabe für sich und überführt die gesamten geistigen Anteile an dem Arbeitsvorgang in die Hände des Leitungspersonals . . . .« (zit. nach Sohn-Rethel, S. 195). Dabei blieb die Entwicklung jedoch nicht stehen: Zum einen eröffnete die mit der Verwissenschaftlichung der Produktion gewonnene genaue Kenntnis von Arbeitsvorgängen neue Möglichkeiten, weit komplexer strukturierte Produktionsprozesse zu entwickeln und zu beherrschen, die ihrerseits neue Anforderungen an Planung und Entscheidung, kurz an die mit der materiellen Produktion verbundene Informationsverarbeitung stellten. Zum anderen ist die Informationsverarbeitung – solange sie durch Menschen durchgeführt wird – selbst wieder Arbeitsprozeß. Das bedeutet insbesondere, daß auch für die Verarbeitung der für die gezielte Beeinflussung eines Arbeitsprozesses notwendigen Daten ebenfalls ein Erkenntnismodell vorhanden ist, das seinerseits eine zweckmäßige Beeinflussung des Prozesses der Informationsverarbeitung aufgrund von Daten über diesen ermöglicht.

Die Zwänge der Kapitalverwertung bewirkten, daß auch der für die Produktion notwendige Prozeß der Kopfarbeit einer Aufteilung in einzelne Arbeitsschritte unterworfen wurde, um ihn möglichst kostengünstig zu gestalten.

Zum ersten Mal wurde die systematische Teilung der Kopfarbeit bei der Berechnung von mathematischen Logarithmentafeln Ende des 18. Jahrhunderts in Frankreich von dem Mathematiker Prony angewendet. In Frankreich waren erst mit der Revolution Dezimalzahlen in das Maßsystem eingeführt worden: Prony wurde von der französischen

Regierung mit der Neuberechnung der dezimalen Logarithmen beauftragt. Der Ursprung für die arbeitsteilige Durchführung dieser umfangreichen Kopfarbeit ist bemerkenswert. Prony stieß zufällig in dem Buch *Wealth of Nations* von Adam Smith auf die Methode der Arbeitsteilung bei der Fabrikation von Stecknadeln. Ihm kam dabei die Idee, die mathematische Berechnung der Logarithmentafeln ebenso »fabrikmäßig« durchzuführen; dazu bildete er drei Arbeitsgruppen. Die erste bestand aus sechs Mathematikern und hatte die Aufgabe, die mathematischen Funktionen zu finden, die in der geringsten Zeit das numerische Berechnen erlaubten; also die »zeitoptimale« Zergliederung mathematisch-komplexer Zusammenhänge in einfache Additions- und Subtraktionsschritte. Die zweite Gruppe verfügte über acht in der Arithmetik versierte Spezialisten, die in die von der ersten Gruppe aufgestellten Berechnungsformeln Zahlen einzusetzen sowie die Berechnungen der folgenden dritten Gruppe zu kontrollieren hatten. Die aus achtzig Mitgliedern bestehende dritte Gruppe hatte die Aufgabe, auf von der zweiten Gruppe angefertigten Formblättern ausschließlich eine Vielzahl von Additionen und Subtraktionen durchzuführen. Fast alle Personen dieser dritten Gruppe hatten keine über das Addieren und Subtrahieren hinausgehenden mathematischen Kenntnisse.

Ist diese Form der Arbeitsorganisation nicht klassischer ›Taylorismus‹ – und zwar hundert Jahre vor Taylor? Das von Prony angewandte Prinzip der Aufteilung der Kopfarbeit hat der englische Mathematiker und Ökonom Charles Babbage als erster in allen seinen Konsequenzen erkannt und 1832 im zwanzigsten Kapitel – »Teilung der geistigen Arbeit« – seines Buches *On the Economy of Machinery and Manufactures* (schon 1833 lag es in deutscher Übersetzung vor) folgendermaßen formuliert: »Wir haben bereits erwähnt, daß die Teilung der Arbeit, was einigen unserer Leser vielleicht paradox erscheinen dürfte, sich mit gleichem Erfolg und gleicher Zeitersparnis auf geistige Operationen anwenden lasse. Die praktische Anwendung . . . dieses Mittels . . . wird zugleich zeigen, daß die zur Regulierung der inneren Ökonomie einer Fabrik nötigen Anordnungen auf tiefer wurzelnden Grundsätzen beruhen, als man geglaubt haben mag, und daß sie dazu dienen könnten, den höchsten Forschungen des menschlichen Geistes den Weg zu bahnen« (Babbage, S. 194). Babbage verallgemeinerte mit diesen Überlegungen die Methode der Teilung der Kopfarbeit auch auf die Informationsverarbeitung des industriellen Arbeitsprozesses. Und im gleichen Buch lieferte Babbage dann die präzise Begründung für jede Form der Arbeitsteilung - ob im Bereich der Kopfarbeit oder der Handarbeit - innerhalb des kapitalistischen Produktionsprozesses: »Wir haben also gesehen, daß die Teilung der Arbeit, bei mechanischen, wie bei geistigen Arbeiten, darin besteht, daß man genau nur soviel Geschicklichkeit und Kenntnis zu erkaufen und anzuwenden braucht, als zu diesem Prozesse nötig ist« (Babbage, S. 205).

Einen wichtigen weiteren Schritt machte Babbage, indem er die maschinelle Berechnung der Kopfarbeit durch einen Automaten (»Die analytische Maschine«) konzipierte. Babbage war damit nicht nur der Wegbereiter der automatischen Datenverarbeitung und der Computerentwicklung im 20. Jahrhundert, sondern auch der Konstrukteur des heutigen Computerprinzips - wir werden an anderer Stelle ausführlich darauf zurückkommen.

Um die Arbeitsteilung auch bei den Kopfarbeitern in den Verwaltungen, den Angestellten, durchsetzen zu können, begann man in der zweiten Hälfte des vorigen Jahrhunderts in den wachsenden kapitalistischen Unternehmen damit, bürokratische Kontrollmechanismen einzuführen. Dazu mußte man die Tätigkeit der Angestellten soweit als möglich standardisieren, generalisieren und hierarchisieren, um sie arbeitsteilig durchführen und kontrollieren zu können. So entstand bei der Fa. Siemens & Halske Mitte der 50er Jahre des vorigen Jahrhunderts beispielsweise eine Büro-Organisation, die nach Aussage ihres Organisators bewirkte, daß die arbeitenden Büros als »Maschinen« wie von selbst laufen, wenn sie erst einmal in Gang gesetzt sind. Dieser Organisator konnte 1855 Werner Siemens stolz berichten: »Im Büro haben wir Deine Disziplin getreulich fortgeführt und noch verschärft, es ist jetzt schon alles Schreien, lautes Sprechen, Umherlaufen gänzlich verschwunden« (zitiert nach Kocka, S. 88).

Die Auswirkungen der Rationalisierung erschöpfen sich nicht in einer Veränderung der Qualifikationsstruktur, sondern sind auch mit einem Abbau von Arbeitskräften verbunden. Wir wollen im folgenden die Bedingungen herausarbeiten, von denen die einzelwirtschaftlichen bzw. gesamtwirtschaftlichen Beschäftigungswirkungen abhängen. Dabei gehen wir davon aus, daß mit Einführung der Rationalisierung der Kopfarbeit bestimmte Funktionen von Maschinen wahrgenommen werden, die bis dahin von Menschen ausgefüllt wurden, und daß insofern auf jeden Fall ein tendenzieller Abbau von Arbeitskräften erfolgt (in der damit verbundenen Einsparung von Lohnkosten liegt ja nicht zuletzt der ökonomische Antrieb zur Automatisierung). Ob es tatsächlich zur Entlassung von Arbeitskräften kommt, hängt davon ab, inwieweit diese Arbeitskräfte durch andere Funktionen oder in anderen Bereichen wieder absorbiert werden können.

Zunächst soll davon ausgegangen werden, daß sich die Kosten eines Unternehmens zusammensetzen aus den Kosten für Arbeitskraft (v = variables Kapital) und Kosten für Material und Maschinen (C = konstantes Kapital). Im Zuge der Einführung von Maschinen zur automatischen Datenverarbeitung sinken die Kosten für v, während sich diejenigen für C - wenn auch in geringerem Maße - erhöhen mögen. Gleichzeitig werden Arbeitskräfte abgebaut. Diese Arbeitskräfte könnten von demselben Unternehmen dann aufgefangen werden, wenn die Produktion entsprechend ausgeweitet würde. Nichts spricht allerdings dafür, daß dies immer der Fall sein muß.

Würde z. B. im Zuge der Rationalisierung bei gleichbleibender Produktion die Hälfte der Arbeitskräfte freigesetzt, so müßte die Produktion verdoppelt werden, um Entlassungen zu vermeiden. Würden - bei gleichbleibendem Output - von 10 Arbeitern 9 überflüssig, so müßte die Produktion gar verzehnfacht werden. Die »notwendige Produktionsausweitung« wäre demnach gerade umgekehrt proportional dem Bruchteil, auf den der ursprüngliche Arbeitskräftebestand bei konstanter Produktion zusammenschrumpfen würde.

In Zeiten, in denen keine entsprechende Absatzausweitung zu erwarten ist, wird sich dementsprechend die Rationalisierung nicht in einer Ausweitung der Produktion niederschlagen, sondern in einem Abbau von Arbeitskräften. Ob dies allerdings gesamtwirtschaftlich zu Arbeitslosigkeit führen muß, hängt von verschiedenen Bedingungen ab, die im folgenden untersucht werden sollen.

Als Ausgangspunkt sei ein Modell der »erweiterten Reproduktion« gewählt, in dem die Beziehungen zwischen Produktionsmittelsektor (I) und Konsumtionsmittelsektor (II) sowie deren Beziehungen zur Endnachfrage dargestellt sind (vgl. erste Abbildung). Der linke Block unter I stellt dabei den im Produktionsmittelsektor produzierten Mehrwert m_1, das für Lohnzahlungen aufgewendete variable Kapital v_1 und das für Produktionsmittel aufgewendete konstante Kapital c_1 dar. Entsprechendes ist in dem Block unter II für den Konsumtionsmittelsektor ausgedrückt. Der rechte Block stellt die bei der Produktion entstandenen bzw. durch den Absatz realisierten Einkommen (E) aus beiden Sektoren dar: die in Sektor II entstandenen Löhne (v_2), die Löhne aus Sektor I (v_1) sowie die Profite aus Sektor II bzw. Sektor I, die dem jeweiligen Mehrwert m_2 und m_1 entsprechen.

Die dicken Pfeilströme symbolisieren die vom Produktionsmittelsektor (I) ausgehenden stofflichen Ströme, d.h. die Lieferungen von Produktionsmitteln: Ein Teil dieser Lieferungen fließt an Unternehmen des Produktionsmittelsektors selbst, und zwar als Ersatz der im Produktionsprozeß verzehrten Produktionsmittel in Höhe von c_1. Ein anderer Teil fließt an Sektor II (den Konsumtionsmittelsektor) und dient dem Ersatz der dort verbrauchten Produktionsmittel in Höhe von c_2. Ein dritter Teil in Höhe von Δ c beinhaltet den Kauf zusätzlicher Produktionsmittel (in Sektor I und II), der aus Teilen des akkumulierten Mehrwerts beider Sektoren bestritten wird. Die dünnen Pfeile schließlich stellen die Konsumnachfrage dar, die sich aus der Verausgabung der Löhne ergibt. Und in der Größe der Ballons A kommt das Ausmaß der Arbeitslosigkeit zum Ausdruck.

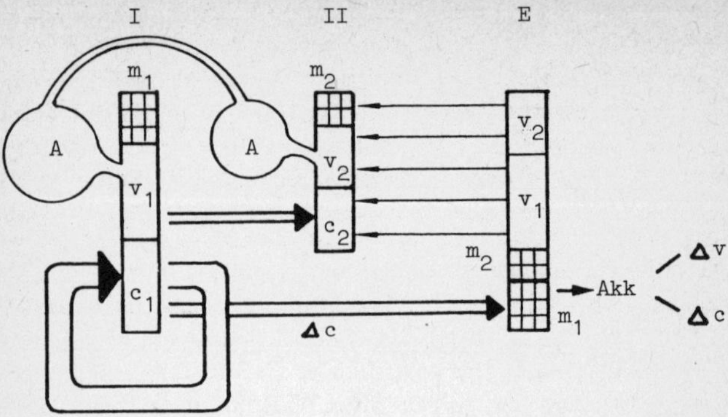

Kapitalakkumulation unter den Bedingungen extensiven Wachstums

Kapitalakkumulation unter den Bedingungen intensiven Wachstums

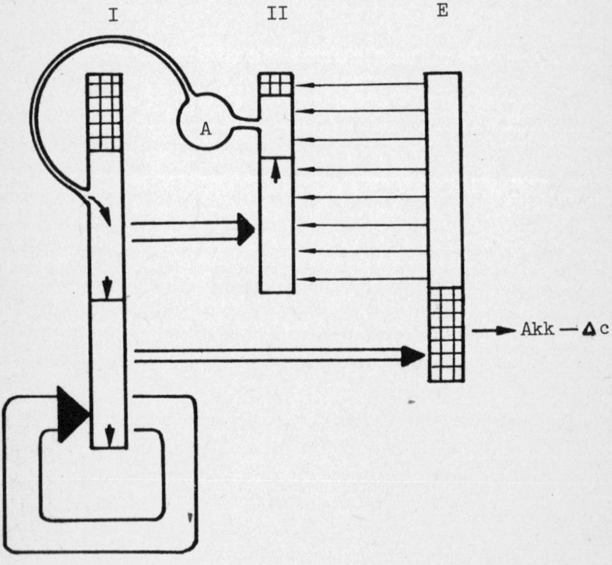

Es ist hier ein Modell zugrundegelegt, in dem die organische Zusammensetzung des Kapitals (das Verhältnis von konstantem Kapital C zu variablem Kapital v) in beiden Sektoren gleich ist, und zwar C : v = 1 : 1, und in dem jeweils die gleiche Mehrwertrate m' = m : v = 1 : 2 gegeben ist. Darüber hinaus ist angenommen, daß die gesamten Lohneinkommen konsumiert und die gesamten - aus dem Mehrwert stammenden - Profite akkumuliert werden. Die Akkumulationsmittel teilen sich dabei je zur Hälfte auf in den Kauf zusätzlicher Arbeitskräfte (△ v) und zusätzlicher Produktionsmittel (△ C). Diese Verwendung der Akkumulationsmittel führt in der nächsten Periode zu einer entsprechenden proportionalen Ausweitung der Kosten für Arbeitskräfte und für Produktionsmittel. Ein solches »extensives Wachstum«, bei dem das Verhältnis zwischen Arbeitskräfte- und Produktionsmitteleinsatz erhalten bleibt, ist nur solange möglich, wie entsprechend ausreichende Arbeitskraftreserven existieren.

Spätestens sobald diese Arbeitskraftreserven erschöpft sind, ist weiteres Wirtschaftswachstum nur noch möglich über Rationalisierungen und entsprechende relative Einsparung von Arbeitskräften. Modellhaft sei angenommen, die Rationalisierungen finden zunächst nur im Bereich der Konsumgüterindustrie statt, deren Produktion nicht erhöht wird, aber nun mit einem geringeren Einsatz an Arbeitskräften und einem höheren Einsatz an Produktionsmitteln möglich wird (vgl. zweite Abbildung; die dadurch abgebauten Arbeitskräfte werden durch den Ballon in Sektor II symbolisiert).

Die zusätzlich benötigten Produktionsmittel machen eine erhöhte Produktion im Produktionsmittelsektor erforderlich, der hierzu zusätzliche Arbeitskräfte braucht (dabei ist der Einfachheit halber angenommen, daß sich die organische Zusammensetzung des Kapitals im Produktionsmittelsektor nicht verändert hat).

Die Absorbierung der in der Konsumgüterindustrie entlassenen Arbeiter durch die Produktionsmittelindustrie kann nur dann gelingen, wenn die Produktionsmittelindustrie ein entsprechendes Wachstum aufweist. Dieses Wachstum ist freilich nur eine notwendige und noch keine hinreichende

Bedingung für die Absorbierung der freigesetzten Arbeitskräfte, die ja nur gelingen kann, wenn auch eine hinreichende regionale und qualifikationsmäßige Mobilität gegeben ist. Auf der anderen Seite nützt aber auch eine annähernd vollständige Mobilität wenig, wenn rein quantitativ der Arbeitskräftebedarf im Produktionsmittelsektor nicht entsprechend anwächst.

Wenn darüber hinaus berücksichtigt wird, daß auch im Produktionsmittelsektor Rationalisierungen stattfinden, so ergeben sich auch hier tendenziell Abbaueffekte. Dies kann nur durch entsprechend gleichzeitiges Wachstum der Produktion in beiden Sektoren oder aber - wenn die Konsumgüterproduktion aufgrund beschränkter Absatzmöglichkeiten nicht expandiert - durch um so stärkeres Wachstum der Produktionsmittelindustrie aufgefangen werden. In beiden Fällen sind gesamtwirtschaftlich entsprechende Akkumulationsmittel erforderlich, aus denen heraus das Wachstum bestritten werden kann. Je höher der gesamtwirtschaftliche Freisetzungseffekt, um so größer das zur Absorption der freigesetzten Arbeitskräfte erforderliche Wachstum der gesamtwirtschaftlichen Produktion.

Je stürmischer also der durch technologische Umwälzungen bedingte Abbau von Arbeitskräften ist, um so mehr gerät das zur Absorption »notwendige Wachstum« in Widerspruch zu den tatsächlichen Akkumulationsmöglichkeiten, deren Grenzen durch die gesamtwirtschaftliche Mehrwertmasse gesetzt sind. Und zwar unabhängig davon, ob die Profitraten der einzelnen Kapitale nun absinken oder nicht (damit verliert auch der ganze theoretische Streit um die Gültigkeit des Gesetzes vom tendenziellen Fall der Profitrate seine Relevanz für die Erklärung dieser Art von Krise). Der wachsende Widerspruch zwischen dem für die Absorption notwendigen Wachstum einerseits und den durch die Mehrwertmasse begrenzten Akkumulationsmöglichkeiten andererseits macht sich Luft in einer steigenden Massenarbeitslosigkeit, und zwar als langfristiges strukturelles Problem des Kapitalismus. Vor dem Hintergrund dieser langfristigen Tendenz hat die Bewegung der Profitraten lediglich Einfluß auf die konjunkturellen Schwankungen, die sich allerdings nicht mehr niederschlagen in einem Wechsel von Vollbeschäftigung und Unterbeschäftigung, sondern in einem Wechsel von großer Massenarbeitslosigkeit und sehr großer Massenarbeitslosigkeit; vor dem Hintergrund dieser strukturellen Krise des Kapitalismus führt auch der konjunkturelle Aufschwung nicht mehr aus der Massenarbeitslosigkeit heraus.

An dieser Konsequenz ändert auch wenig, daß sich die Arbeiter bzw. Gewerkschaften zur Lohnzurückhaltung verleiten lassen. Zwar würden im Ausmaß der Lohnzurückhaltung die Kosten der Unternehmen sinken, aber durch den Rückgang der Massenkaufkraft könnte die Realisierung des produzierten Mehrwerts gefährdet werden. Selbst wenn aber die Realisierung - z. B. durch Ausweichen auf den Weltmarkt - gesichert wäre, könnten die so angewachsenen Profite und die damit gewachsenen Akkumulationsmöglichkeiten nicht ausreichen, um den stürmischen Arbeitsplatzabbau aufzufangen. Die Forderung nach Lohnzurückhaltung lenkt also lediglich von den strukturellen Ursachen der Massenarbeitslosigkeit ab, die in dem Streben der Einzelkapitale nach maximaler Verwertung liegen und in dem daraus folgenden technologisch bedingten Abbau von Arbeitskräften.

Weltschiffahrtswege (——— Columbus, - - - Sklavenhandel, - - - Ostindienhandel)

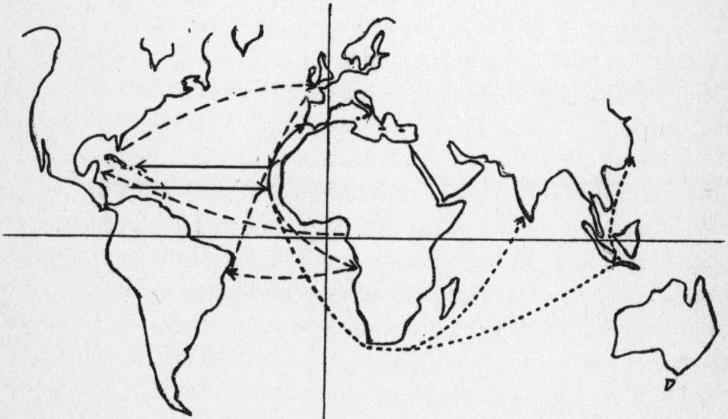

Mechanische Datenverarbeitung. Die Vorgeschichte des Computers

Seefahrt, Navigation und Handel

Gegen Ende des 15. Jahrhunderts ging von Europa eine systematische Erkundung der Welt nach Osten und nach Westen aus. Vor allem durch die Erschwerung des Orient- und Asienhandels seit der türkischen Herrschaft über den Balkan und Vorderasien war das europäische Handelskapital an einem Seeweg nach Indien interessiert und finanzierte die Entdeckungsfahrten.

Mit der Überquerung der Weltmeere tritt bei der Navigation ein ganz neues Problem auf: die Bestimmung der geographischen Länge. Solange man lediglich entlang von Küsten oder auf Binnenmeeren gefahren war, gab es dieses Problem nicht. Auch die ersten spanischen und portugiesischen Seefahrer navigierten nach der herkömmlichen Methode, wobei sie allein die geographische Breite bestimmten: Sie fuhren solange entlang der nord-südlich verlaufenden Küsten, bis sie die gewünschte Breite erreicht hatten, und überquerten dann die Ozeane entlang dieses Breitengrades. Dabei ist die seit alters her bekannte Breitenmessung sehr einfach und läuft im wesentlichen auf eine Bestimmung des Winkels zwischen bestimmten Fixsternen und dem Horizont (mit Hilfe z. B. des Jakobstabes, später des Sextanten) hinaus. Kolumbus etwa navigierte nach dieser Methode und auch die spanische Silberflotte nahm einen solchen Kurs (vgl. Abbildung).

Die Längenmessung war dagegen viel schwieriger, da man hierzu einen Vergleich zwischen der Ortszeit und einer

Standardzeit (etwa Greenwich) anstellen muß. Dafür gibt es grundsätzlich zwei Möglichkeiten: entweder man führt eine sehr genau gehende Uhr mit oder man benutzt etwa die Mondbewegung oder den Lauf bestimmter Gestirne als Himmelsuhr. Um diese beiden methodischen Möglichkeiten entspann sich ein nahezu 200 Jahre dauernder Wettstreit, aus dem sich einerseits das Präzisionshandwerk der Uhrmacherei, andererseits die Rechenhilfsmittel (Logarithmentafeln) und mechanischen Rechenmaschinen zur Erstellung genauer astronomischer Tabellen entwickelten (vgl. Bernal, S. 375 ff. und 446 ff., Wiener, S. 151 f.). Letzteres soll hier näher verfolgt werden.

Für das sich entfaltende Handelskapital war es zunehmend von Bedeutung, seine Schiffe auf möglichst kurzen Verbindungswegen segeln zu lassen. In dem ökonomisch-politischen Kampf zwischen Spanien und Portugal auf der einen und Frankreich, England und den Niederlanden auf der anderen Seite um Seeherrschaft und Handelswege sowie bei deren Rivalitäten untereinander befanden sich auch die Admiralitäten in einer mißlichen Lage. Ihrer Aufgabe, die immer ausgedehnteren Handelsgebiete und die Seewege dorthin wirksam abzusichern, konnten sie nur dann gerecht werden, wenn sich Nachrichten, Material und Expeditionskorps auf schnellstem Wege transportieren ließen. Dabei hatten die nördlicher gelegenen Länder einen empfindlichen strategischen Nachteil auszugleichen, da im Gegensatz zu den niedrigeren Breiten im Süden der Vorteil eines Schiffskurses auf einem ›Großkreis‹ (die kürzeste Verbindung zwischen zwei Punkten auf einer Kugeloberfläche) gegenüber einem Kurs ›gleicher Breite‹ erheblich ins Gewicht fällt. Dieses gemeinsame Interesse von Schiffahrt und Handelskapital ließ nun die Entwicklung wirksamer Navigationshilfen – gefördert durch staatliche Finanzierung und die Aussetzung hochdotierter Preise – zu einer vordringlichen Aufgabe werden.

Die schon seit dem Altertum in der Seefahrt bestehende Trennung zwischen Hand- und Kopfarbeit (Seemanns- und Navigationsarbeit) wurde dabei vorangetrieben. Aufgrund der Messungen der Polhöhe und der jeweiligen Ortszeit gewann der Navigator die notwendigen Daten, aus denen er mittels der mitgeführten astronomischen Tafeln den tatsächlichen Schiffsort bestimmen konnte, um daraus durch einen Vergleich mit dem gewünschten Kurs Kursanweisungen für den Steuermann abzuleiten.

Diese Arbeit setzt jedoch eine weitere Anstrengung voraus: die Erstellung von astronomischen Tafeln für die Navigation. Das Bedürfnis der Seefahrt nach diesen exakten astronomischen Daten hat dann im 17. Jahrhundert wesentlich die Astronomie beflügelt und zu genauen Planetenbahnberechnungen geführt. Mit der Anwendung des Fernrohrs - als Zufallsprodukt bei der Brillenherstellung um 1600 in Holland entwickelt - wurde die Astronomie revolutioniert. So berechnete beispielsweise J. Kepler in einem Zeitraum von 20 Jahren astronomische Tafeln aufgrund der Annahme von elliptischen Umlaufbahnen der Planeten. Dies bedeutete eine immense Rechenarbeit. Damit stellte jetzt die Astronomie neue Anforderungen an die Mathematik (Arithmetik, Logarithmen) und schaffte darüber hinaus auch das Bedürfnis nach einem geeigneten Arbeitsmittel für die vielfältigen Rechenprozesse: das Bedürfnis nach einer Maschine. Die erste mechanische Rechenmaschine wurde folgerichtig von einem Astronomen, dem Universalwissenschaftler W. Schickard, konzipiert und im Jahre 1623 gebaut. Er wußte durch seine Bekanntschaft mit Kepler sowohl von dessen aufwendigen Rechenarbeiten für die astronomischen Tafeln als auch von der dreißig Jahre dauernden Berechnung der Napierschen Logarithmen. In einem Brief an Kepler berichtet Schickard über die Entwicklung seines Rechenmechanismus: »Dasselbe was Du auf rechnerischem Weg gemacht hast, habe ich kürzlich mechanisch versucht und eine aus elf vollständigen und sechs verstümmelten Rädchen bestehende Maschine gebaut, welche gegebene Zahlen im Augenblick automatisch zusammenrechnet: addiert, subtrahiert, multipliziert und dividiert. Du würdest hell auflachen, wenn Du da wärest und sehen könntest, wie sie, sooft es über einen Zehner oder Hunderter weggeht, die Stellen zur Linken ganz von selbst erhöht oder ihnen beim Subtrahieren etwas wegnimmt« (zit. nach Ganzhorn, Walter, S. 21).

Das Grundprinzip jeder mechanischen Rechenmaschine besteht also darin, daß ein Rad auf seinem Umfang zehn

Zähne zur Darstellung der Ziffern enthält und bei einer vollen Umdrehung über einen Übertragungsmechanismus das nächste Zahnrad um einen Schritt weitergedreht wird - folglich ist die ›Zehnerübertragung‹ das Grundproblem jeder Rechenmaschine.

Fassen wir diese Entwicklungslinie zusammen: Die Entwicklung, die zum Bau einer Rechenmaschine geführt hat, nimmt im Bedürfnis von Seefahrt und Handelskapital im 17. Jahrhundert nach wirksamen Navigationshilfen ihren Ausgang und gibt infolge der großen Mengen an auszuführenden Operationen bei der Berechnung von logarithmischen und astronomischen Tafeln den Anstoß, ein Arbeitsmittel zu entwerfen, um die Kopfarbeit teilweise zu mechanisieren.

Im 17. Jahrhundert gab es daneben eine weitere Ursache für die Konstruktion maschineller Rechenhilfsmittel: die Datenverarbeitung des kaufmännischen Rechnens. Durch die Entfaltung des Handelskapitals, das Wachstum der Banken und die Ausbreitung des staatlichen Steuer- und Finanzwesens entwickelte sich die Notwendigkeit ökonomischer Abrechnungssysteme. Innerhalb dieser Datenverarbeitungskomplexe mußten vor allem massenhaft Zahlenkolonnen addiert werden - eine monotone Routinetätigkeit. So ist es nicht besonders verwunderlich, daß im Hause eines Finanzverwalters die nächste mechanische Rechenmaschine entstand. Der 19jährige Pascal, später einer der berühmtesten Mathematiker Frankreichs, baute 1642 für seinen Vater dieses Rechenhilfsmittel, das die tägliche Rechenarbeit bei der Steuereintreibung für ein französisches Departement erleichtern sollte. Im Gegensatz zur Schickardschen Maschine konnte die Rechenmaschine von Pascal nur addieren - dies war aber auch ihr Verwendungszweck. Pascal ließ diese Maschine in größerer Anzahl produzieren und vertrieb sie für Zwecke der astronomischen sowie der Steuerberechnung.

Eine Erweiterung der Konstruktionsphilosophie erfuhr die mechanische Rechenmaschine in der zweiten Hälfte des 17. Jahrhunderts durch den deutschen Mathematiker und Philosophen Leibniz, der eine Maschine so konzipierte, daß Multiplikation und Division durch mehrfache Addition bzw. Subtraktion durchgeführt wurden. Dies blieb das

Strukturprinzip beim Bau mechanischer Rechenmaschinen bis in die fünfziger Jahre dieses Jahrhunderts. Es soll nicht unerwähnt bleiben, daß es bis zum Ende des 18. Jahrhunderts beim Betrieb der mechanischen Rechenmaschinen oft zu funktionellen Schwierigkeiten kam, da die Herstellungsgenauigkeit der mechanischen Teile der Maschinen nicht ausreichte.

Wissenschaft und Technik. Vom Tüfteln zur Auftragsarbeit

In enger Wechselbeziehung mit der Ausbreitung von Maschinerie und Verkehr entwickeln sich auch die Naturwissenschaften, vor allem Mechanik und Thermodynamik, später auch Elektrizitätslehre und Chemie. Die ursprünglichen Erfindungen technischer Systeme sind zwar oftmals von eher handwerklich orientierten Ingenieuren hervorgebracht worden. Einmal in die Welt des Kapitals gesetzt, bedurften sie jedoch in jeder Hinsicht der Verbesserung ihrer Funktionsfähigkeit: der Steigerung der Geschwindigkeit von Bewegungen, der Vergrößerung der Antriebskräfte, der Erhöhung des Wirkungsgrades etc. Das ließ sich nur erreichen durch genaue Untersuchung der verwendeten Naturkräfte und -stoffe. Die daraus gewonnenen naturwissenschaftlichen Erkenntnisse konnten ihrerseits wieder zur weiteren Entwicklung der Maschinen angewendet werden.

Die Verbreitung von Wissenschaft und Technik führte zu wachsender Arbeitsteilung und Maschinisierung im Produktionsprozeß, aber auch zur Automatisierung der Informationsverarbeitung: sowohl konzeptionell - in der ersten Hälfte des 19. Jahrhunderts durch Babbage -, als auch praktisch - in der zweiten Hälfte des 19. Jahrhunderts durch Hollerith (elektromechanische Lochkartenmaschine) - wurde die automatische Datenverarbeitung um bedeutende Schritte weiterentwickelt.

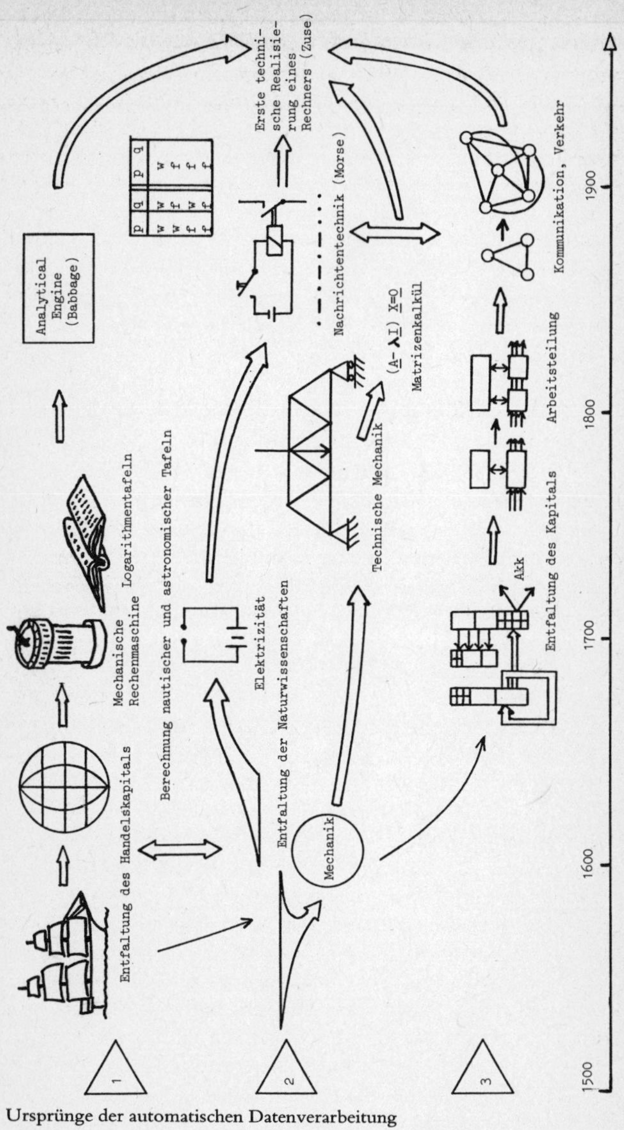

Ursprünge der automatischen Datenverarbeitung

Wir haben oben beschrieben, wie Babbage durch Prony angeregt wurde, sich intensiv mit der Teilung der Kopfarbeit zu beschäftigen und damit die Idee ihrer Automatisierung zu verbinden. Er begann 1812 mit der Konstruktion und dem Bau der sogenannten »Difference Engine«, einer Maschine zur Berechnung und zum Ausdruck von mathematischen Tafelwerken. Insbesondere wollte er mit dieser Rechenmaschine fehlerfreie Logarithmen berechnen und drucken. Nach zehnjähriger Bauzeit war diese Maschine beschränkt einsatzfähig - viel wichtiger aber war für Babbage, daß inzwischen die englische Regierung zur Finanzierung seines Projekts bereit war. Denn England war Anfang des 19. Jahrhunderts zur stärksten See- und Industriemacht geworden, zuverlässige astronomische und mathematische Tabellen waren infolgedessen von großer militär-strategischer und ökonomischer Bedeutung. Anfang der dreißiger Jahre konzipiert Babbage dann den bahnbrechenden Übergang von der Rechenmaschine zum Rechenautomaten: die »analythische Maschine« (Analytical Engine). Die bislang entwickelten mechanischen Rechenmaschinen waren Instrumente, die mehr oder weniger den ständigen menschlichen Eingriff innerhalb der maschinellen Berechnungen voraussetzten - Eingabe der Daten, Kurbelantrieb, Ablesen von Zwischenergebnissen, Ordnen der Ergebnisse. Die analytische Maschine dagegen war ein Automat: sie besaß einen ›Arbeitsspeicher‹ (zur Speicherung von Eingabedaten, Zwischen- und Endergebnissen), ein ›Rechenwerk‹ (zur Durchführung arithmetischer Operationen), ein ›Steuerwerk‹ (zur Steuerung der Reihenfolge der Rechenprozesse und des Datentransports) sowie ein Eingabeelement (zur Eingabe von Daten und Programmen) und ein Ausgabeelement (zum Ausdrucken von Ergebnissen). Somit sind alle Teile, die heute moderne Computeranlagen besitzen, von Babbage konzipiert worden.

Insofern ist das Konstruktionsprinzip des Computers bereits vor 150 Jahren entwickelt worden. Das von Babbage angewandte Prinzip der Ablaufsteuerung für den Datenverarbeitungsprozeß durch ein eingegebenes Programm, bestehend aus einer Folge von Anweisungen, stammt aus der Produktionstechnik. Für die Steuerung von Arbeitsmaschinen in der Textilbranche wurden dafür die ersten wesentlichen Erfindungen gemacht: das Patent zur Steuerung von Strickmaschinen mittels Lochkarten (1725), die Anwendung von Lochstreifen zum Musterweben in der Seidenmanufaktur (1725), das gelochte Brettchen zum Musterweben in der Textilmanufaktur (1728), die Konstruktion eines automatischen Webstuhls, bei dem die Steuerung durch genormte Lochkarten erfolgte, auf denen die für das Muster notwendigen Arbeitsdaten eingestanzt waren (Jacquard; 1804).

Der vollständige Bau und die Anwendung des Rechenautomaten von Babbage mußten an den mechanischen Gegebenheiten scheitern: um Babbages Konzeption umsetzen zu können, wäre einerseits eine zu jener Zeit technisch nicht mögliche Massenproduktion zehntausender Präzisionszahnräder (der Rechenautomat sollte mit bis zu 50 Dezimalstellen arbeiten) notwendig gewesen und andererseits hätten die Zahnradgetriebe bei ihrer Bewegung soviel Energie verbraucht, daß die Abgabe von Kraft- und Drehmoment an weitere Getriebe zu klein geworden wäre. Die Idee von Babbage, einen programmierbaren Automaten für beliebige Datenverarbeitungsprozesse einzusetzen, sollte beinahe 100 Jahre in Vergessenheit geraten. Erst während des Zweiten Weltkriegs wurden Computer nach dem Konstruktionsprinzip von Babbage mit den technischen Elementen Relais und Elektronenröhre gebaut und für militärische Zwecke angewendet.

Einen Fortschritt gegenüber den mechanischen Rechenmaschinen stellten weiterhin die in der zweiten Hälfte des vorigen Jahrhunderts entwickelten elektromechanischen Lochkartenmaschinen dar. Deren Konstrukteur Hollerith hatte durch seine Tätigkeit im statistischen Amt der USA die zeitaufwendige und monotone manuelle Zählung bei der Statistik kennengelernt. Das war für ihn der Anstoß, unter bewußter Verwendung einiger Bauprinzipien des Jacquard-Webstuhles (Lochkarten als Datenträger) und des elektrischen Klaviers (Schaltwalzen zur Betätigung von Zählern und Sortiermechanismen) einen starr programmierten Automaten zu entwickeln, der einfache Zähl- und Sortieroperationen durchführen konnte. Zum tatsächlichen Einsatz kam es, als das statistische Amt der USA vor einem scheinbar ohne maschinelle Hilfsmittel nicht zu lösenden Massendatenverarbeitungsproblem stand: man arbeitete 1886 nämlich immer noch ohne Ergebnis an der letzten Volkszählung von 1880 und die nächste, gesetzlich vorgeschriebene stand, mit noch größerem Datenanfall, für 1890 vor der Tür. So bekam Hollerith 1887 den Auftrag, seine Lochkartenmaschinen bei der Volkszählung 1890 einzusetzen.

Im Laufe der ersten Hälfte des 20. Jahrhunderts wurde die elektromechanische Lochkartenmaschine dann in Form der sogenannten Tabelliermaschine (sie ist vor allem mit einem zusätzlichen Druckwerk ausgestattet) weiterentwickelt und bevorzugtes Rationalisierungsinstrument für datenverarbeitende Tätigkeiten von Angestellten.

Die Fortentwicklung der Nachrichtentechnik - vorangetrieben durch das Bedürfnis nach schnellerer und sicherer Informationsübertragung - wurde schließlich von zentraler Bedeutung für den Durchbruch der automatischen Datenverarbeitung. Die Nachrichtentechnik brachte einerseits mit der Informationstheorie die Konzeption für die Lösung von Kodierungsproblemen und in Gestalt der Booleschen Algebra die Theorie zum logischen Entwurf von Schaltwerken hervor. Andererseits entstanden mit den Bausteinen Relais und Elektronenröhre die entscheidenden technischen Mittel, mit denen die frei programmierbaren Universalrechner als Systeme der Informationsverarbeitung in arbeitsteilig organisierten Kopfarbeitsprozessen unter ökonomisch vertretbarem Aufwand realisiert werden konnten. So markiert der Relaisrechner die eigentliche Geburtsstunde des Computers, während erst sehr viel später - in den sechziger Jahren - die kleineren, schnelleren und billigeren Transistoren seine massenhafte Verbreitung ermöglichen.

Von ebensolcher Bedeutung für die erfolgreiche Verwirklichung automatischer Datenverarbeitungssysteme ist freilich noch etwas anderes. Der rapid wachsende Bedarf an leistungsfähigen Maschinen und Verkehrsmitteln (Fabrikhallen, Arbeits- und Kraftmaschinen, Lokomotiven, Schiffen, Brücken etc.) verlangte nach ständig verfeinerten Methoden der Mechanik, um die dabei auftretenden Probleme zu bewältigen. Die Anwendung dieser Methoden auf praktisch relevante Probleme bei der Berechnung von Tragwerken, Platten, Rotoren, bewegten Teilen etc. ließ das methodische Instrumentarium der technischen Mechanik (Statik, Kinematik, Dynamik) gewaltig anschwellen. Dabei entstand vor allem ein Bedarf an Verfahren der numerischen Integration von Differentialgleichungen und der Lösung linearer Gleichungssysteme. In diesem Zusammenhang entwickelte sich der Matrizenkalkül, der die Algorithmen zur arbeitsteiligen Bewältigung - später auch der automatischen Durchführung - der immensen Rechenarbeit lieferte.

Auch der Konstrukteur des ersten programmgesteuerten Computers, Konrad Zuse, betont die Bedeutung solcher Algorithmisierung der Kopfarbeit für die Entwicklung des Rechners: Bei den Formblättern »sollten nur die Zahlen (Eingangswerte) eingesetzt werden, und der Ablauf der Rechnungen, der sich in der Regel aus Addition, Subtraktion oder Multiplikation zusammensetzte, sollte sich aus dem Aufbau der Formulare gewissermaßen von selbst ergeben, möglichst so, daß nebeneinanderstehende Zahlen zu multiplizieren, untereinanderstehende zu addieren und Festwerte (Formelkonstante) gleich an den richtigen Stellen vorgedruckt standen ... Der nächste Schritt mußte sein, die Ausrechnung solcher Formulare durch Rechenmaschinen zu erleichtern« (Zuse, S. 35).

Die Angestellten

Die sich steigernde Arbeitsteilung, der erhöhte Maschineneinsatz und die rasche Ausdehnung des Welthandels komplizieren den Produktions- und Zirkulationsprozeß des Kapitals. Diese Entwicklung führt zu einem überproportional wachsenden Anteil der Informationsverarbeitung an der Gesamtarbeit. Das Wachstum der Produktion hat auch innerhalb des materiellen Produktionsprozesses selbst einen erhöhten Aufwand für Planung, Steuerung und Überwachung zur Folge. Durch diese massive Zunahme der Informationsverarbeitung wachsen die Angestelltentätigkeiten in den Verwaltungseinrichtungen rasch an. Daneben wird mit der Verbreitung des Geld-, Kredit- und Versicherungsgewerbes der Zugang zur kostengünstigen Organisation der Kopfarbeit auch in diesem Bereich zunehmend wichtiger. Die nachstehende Tabelle zum Angestelltenwachstum und dessen Strukturveränderungen liefert, am Beispiel Deutschlands, ein eindrucksvolles Bild dieser Entwicklung.

Entwicklung der Angestelltenzahlen im Deutschen Reich (Quelle: Steiner, S. 30 ff.)

Jahr	Angestellte in 1000			Anteil der Angestellten an d. abhängig Beschäftigten in %		
	insges.	männl.	weibl.	insges.	männl.	weibl.
1882	516	423	93	4,78	5,73	2,71
1895	935	746	189	7,19	8,34	4,67
1907	1 871	1 419	452	11,39	12,36	9,17
1925	3 786	2 512	1 274	17,69	16,79	19,79
1933	4 074	2 494	1 579	18,57	16,10	24,54
1939	4 707	2 816	1 892	18,62	15,70	25,77

Schon Ende des vorigen Jahrhunderts wurde damit begonnen, in den angewachsenen Verwaltungseinheiten der großen Unternehmen die Aufspaltung der Informationsverarbeitung in einfache repetitive Teilprozesse voranzutreiben.

Zum besseren Verständnis dieser Entwicklung ist es zunächst sinnvoll, die Grundoperationen bei der Kopfarbeit näher zu betrachten. Sie lassen sich einteilen in das Formulieren, Schreiben und Korrigieren von Texten auf der einen und das Rechnen, Suchen und Sortieren von Daten auf der anderen Seite; zusätzlich müssen Texte und Daten auch erfaßt und gespeichert werden. Die eine Gruppe von Tätigkeiten läßt sich zur Textverarbeitung, die andere zur Datenverarbeitung zusammenfassen. Bei der Textverarbeitung handelt es sich im wesentlichen darum, Gedanken und Informationen zu formulieren und in für Menschen oder Maschinen lesbarer Form zu erfassen sowie zu speichern und wieder auffindbar zu machen. Bei der Verarbeitung stehen dabei Texte im Vordergrund, d. h. Folgen von Wörtern zur Darstellung von Informationen in lesbarer Form, die in einem bestimmten Zusammenhang jeweils als eine Einheit betrachtet werden.

Bei der Datenverarbeitung handelt es sich darum, Aufgaben nach einer vorgegebenen Verarbeitungsvorschrift zu lösen. Eine Vorschrift wird dabei durch eine Folge von Einzelanweisungen - den sog. Algorithmus - festgelegt. Für einen Datenverarbeitungsprozeß ist neben der Beschreibung des Algorithmus eine bestimmte Menge von einzugebenden Daten erforderlich, wobei der Algorithmus in Abhängigkeit von diesen Daten Ergebnisse erzeugt. Damit ist das Grundprinzip jeder Datenverarbeitung, nämlich Eingabe von Daten - Bearbeitung nach den Vorschriften eines Algorithmus - Ausgabe von Ergebnissen, angegeben.

Die Aufteilung der Kopfarbeit im Bürobereich wird dabei so fortentwickelt, daß ein Angestellter jeweils nur eine beschränkte Anzahl von Grundoperationen in immer wiederkehrender Folge durchzuführen hat. Braverman charakterisiert diesen Prozeß so: »Die Arbeit wird immer noch im Kopf geleistet, doch wird das Gehirn so eingesetzt wie der Detailarbeiter in der Produktion seine Hand benutzt, nämlich so, daß es einzelne ›Daten‹ immer wieder ergreift und wieder losläßt. Der nächste Schritt ist die völlige Beseitigung des gedanklichen Vorganges - oder zumindest wird das Denken soweit ausgeschaltet, wie es überhaupt aus menschlicher Arbeit eleminiert werden kann - und das Anwachsen von Angestelltenkategorien, die nichts anderes als manuelle Arbeit leisten« (Braverman, S. 245).

Nachdem die Auflösung der Informationsverarbeitung in formalisierte Teilarbeiten vorangetrieben war, konnten - ähnlich wie zur Berechnung mathematischer Tafeln - bei sehr vielen Teiloperationen mechanische (später auch elektromechanische) Arbeitsmittel wie etwa Registrierkassen, Schreibmaschinen, Rechenmaschinen etc. eingesetzt werden.

Somit waren die organisatorischen und technischen Voraussetzungen gegeben, die Rationalisierung von verschiedenen Angestelltentätigkeiten anzugehen. Diese Entwicklung findet mit der Anwendung von Lochkarten- und Tabelliermaschinen ihren vorläufigen Abschluß: Die Bewährungsprobe wurde in der amerikanischen Volkszählung von 1890 geliefert, bei der die Auswertungszeit für ca. 56 Mio. Fragebogen auf ein Sechstel der sonst erforderlichen Zeit reduziert wurde. Durch weitere Entwicklungsarbeit (Einbeziehung zusätzlicher Operationen wie beispielsweise Drucken von Listen und Saldieren sowie begrenzte flexible Programmsteuerung) wurden um die Jahrhundertwende in den USA und ab 1910 auch in Deutschland neue Anwendungsbereiche in der Statistik, im Rechnungswesen, in der Auftragsdisposition, etc. erschlossen. Dabei haben in den USA später die gesetzlichen Maßnahmen des New Deal (National Recovery Act) wegen der umfangreichen Anforderungen an die betriebliche wie staatliche Informationsverarbeitung einen direkten Einfluß auf die Verbreitung und Weiterentwicklung dieser Technologie ausgeübt. In diese Zeit fiel damit eine der Aufschwungphasen von IBM als dem schon damals weltweit größten Produzenten von Büromaschinen, insbesondere von Tabelliermaschinen: Ende 1935 waren in den USA 4303 Rechenmaschinen, 4106 Sortiermaschinen und 8412 Kartenlocher von IBM im Einsatz, zu über 80 % unter Mietvertrag (vgl. Rodgers, S. 147 ff., S. 175 ff.).

Im Zuge der drei dargestellten Entwicklungslinien, nämlich

- der Entwicklung von Maschinen und Hilfsmitteln im Rahmen der Entfaltung des Handelskapitals,
- der Anwendung von Wissenschaft und Technik und
- der gewaltigen quantitativen Ausdehnung der Kopfarbeit von Angestellten

sind die Grundlagen geschaffen worden, eine Maschine zur automatischen Datenverarbeitung technisch zu realisieren und ökonomisch nutzbringend anwendungsreif zu machen. Mit dem Ineinanderfließen dieser Entwicklungslinien hat die Geburtsstunde des modernen Computers geschlagen.

Was noch fehlte, war das Bindeglied zwischen der Algorithmisierung von Berechnungsverfahren, die mit Dezimalzahlen operierten, und den technischen Mitteln (Relais, Elektronenröhre) mit lediglich zwei (›binär‹) stabilen Zuständen (z. B. Strom Aus - Strom Ein; Spannung positiv - Spannung negativ): Schaltungen im Rechner können dann mit Hilfe binärer Logik aufgebaut werden. Die rechentechnische Umsetzung dieses Problems erfolgte mit dem seit Leibniz auch in Europa bekannten dualen Zahlensystem 1941 in Deutschland durch Zuse.

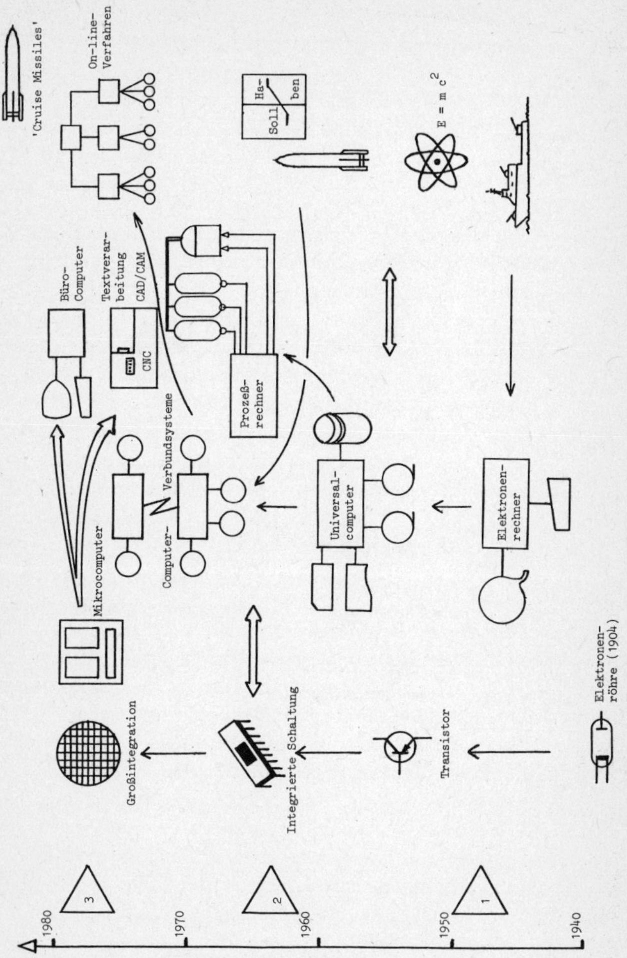

Entwicklungsstufen der elektronischen Datenverarbeitung

Elektronische Datenverarbeitung.

Die als elektronische Datenverarbeitung - Kürzel: EDV - bezeichnete Informationstechnik ist die bislang fortgeschrittenste Form der automatischen Datenverarbeitung. Elektronisch wird sie deshalb genannt, weil die Rechenvorgänge im Rechenautomaten (Computer) durch elektronische Schaltungen durchgeführt werden. So können außerordentlich hohe Rechengeschwindigkeiten erzielt werden. Die Funktionsweise des Computers war dagegen - wie schon erläutert - bereits lange vorher konzipiert (Babbage, 1834) und zuerst mit elektrischen Relaisbauteilen verwirklicht worden (Zuse, 1941).

Die Entwicklungsgeschichte der EDV nimmt während des 2. Weltkriegs, in den Jahren 1942–46, in England und USA ihren Ausgang: Der Krieg hatte durch militärischen Bedarf nach großer Rechenkapazität die schnelle Entwicklung von elektronischen Rechenanlagen vorangetrieben. Dabei darf jedoch nicht übersehen werden, daß Krieg und militärische Interessen nicht Ursache der Computerentwicklung waren, sondern lediglich eine Bündelung der gesellschaftlichen Entwicklungspotentiale bewirkten, die der ohnehin anstehenden Anwendung des Rechenautomaten zum allerdings wesentlich beschleunigten Durchbruch verhalf. So mutet es wie Ironie der Geschichte an, daß ausgerechnet im ganz auf Kriegswirtschaft ausgerichteten Deutschland die Computerentwicklung keine wesentliche militärische Förderung fand (vgl. Petzold).

Während die erste Entwicklungsphase der EDV also ausschließlich militärisch bestimmt war, fächerte sich seit den 50er Jahren die Anwendung der EDV zunehmend auf. Zuerst wurden wissenschaftlich-technische Aufgaben, später in den 60er und 70er Jahren aus Rationalisierungsgründen industrielle und öffentlich-administrative Bereiche miteinbezogen. Numerische Rechenprozesse wurden verstärkt um kommerzielle Daten- und Textverarbeitung erweitert - aus »Rechenautomaten« wurden »Universalcomputer«. Die technologische Weiterentwicklung der Computersysteme war jedoch weiterhin in erster Linie vom militärischen Interesse bestimmt: Folge der gigantischen Aufrüstung nach dem 2. Weltkrieg (Wasserstoffbombe, Raketentechnik, Raumfahrt, Vietnamkrieg, Satellitensysteme, Cruise Missile, u. a.).

In Industrie und Verwaltung stand beim EDV-Einsatz zuerst die quantitative Rationalisierung im Vordergrund, dann machte die EDV einen Entwicklungssprung in Richtung auf eine maschinelle Durchdringung von Steuerungs- und Kontrollaufgaben. Während es also anfangs - vereinfacht gesagt - darum ging, das »Zählen« effektiver abzuwickeln, ließ man in der zweiten Phase den Computer jetzt auch »Entscheidungen« treffen.

Die verschiedenen Phasen der Computeranwendung sollen, aufgegliedert in drei Entwicklungsstufen der elektronischen Datenverarbeitung, in den folgenden Abschnitten dargestellt werden. Diese Stufen sind:
- Militärische Entwicklung des Computers
- Rationalisierung durch EDV
- Computerorientierte Informationssysteme.

Der Krieg als Geburtshelfer. Computerentwicklung im 2. Weltkrieg

Babbage hatte 1834 das Computerprinzip entwickelt, war jedoch wegen der unzureichenden mechanischen Technik an der Realisierung seiner Konzeption gescheitert. Etwa hundert Jahre später wurden in diesem Jahrhundert die ersten funktionsfähigen Rechenautomaten maschinell verwirklicht; unabhängig voneinander wurden in Deutschland,

England und USA programmgesteuerte Computer gebaut.

Dabei waren die Ausgangsbedingungen in den drei Ländern sehr unterschiedlich. Während in Deutschland der Bauingenieur Zuse, quasi als Alleinkonstrukteur, mit bescheidenen finanziellen Mitteln den ersten einsatzfähigen Rechenautomaten der Welt baute, arbeiteten in England und den USA spätestens ab 1942 zahlreiche Gruppen von Mathematikern, Ingenieuren und Technikern mit umfangreicher Förderung durch militärische Stellen an der Computerentwicklung. Wie sah der Entstehungsprozeß im einzelnen aus?

In Deutschland hatte Zuse seit Mitte der 30er Jahre, ausgehend von rechentechnischen Problemen in der Statik, begonnen, eine Maschine zur automatischen Durchführung von Rechenprozessen zu entwickeln. Er konzipierte - ohne Kenntnis der Ideen von Babbage - folgendes Grundschema für den Aufbau eines programmgesteuerten Rechenautomaten: ein zentrales ›Rechenwerk‹ für arithmetische Operationen, ein ›Speicherwerk‹ für Zwischenergebnisse, ein ›Programmwerk‹ für Eingabe und Ausführung eines Programms (Folge von Rechenoperationen), eine Eingabe- und eine Ausgabeeinrichtung für die einzugebenden bzw. Ergebnis-Daten. Soweit entsprach seine Konzeption der von Babbage; darüber hinaus aber machte Zuse den bahnbrechenden Entwicklungssprung in der Computerkonstruktion: den Übergang vom dezimalen zum dualen Zahlensystem. Die Anwendung der dualen (binären) Darstellung verknüpft in geradezu idealer Weise die konstruktiven Vorteile gegenüber dem Dezimalsystem (z. B. wesentlich einfachere Struktur der Schaltungen, Einsparung von Schaltelementen) mit der den Zahlenoperationen zugrundeliegenden mathematischen Logik; grundsätzlich können nämlich alle Zahlenrechnungen auf die Grundoperation des ›Aussagenkalküls‹ mit Ja-Nein-Werten zurückgeführt werden. Auf dieser Erkenntnis beruhte Zuses Relaistechnik (binäres Schaltelement: Strom ja - Strom nein). Damit konnte er 1941 den ersten funktionsfähigen programmgesteuerten Rechenautomaten verwirklichen. Zuse bemerkt dazu: »Für mich war das binäre Zahlensystem unter Anwendung der Relaistechnik der Schlüssel zu einer neuen Welt des Rechners« (Zuse, S. 41). Zahlen wurden in dezimaler Form ein- und ausgegeben und im Rechenwerk vor bzw. nach einem Rechenprozeß dezimal-dual und dual-dezimal umgewandelt. So konnte man einerseits in gewohnter dezimaler Form Zahlen eingeben bzw. als Ergebnisse bekommen und andererseits die schaltungstechnischen Vorteile der Dualarithmetik nutzen. Für den Rechenautomaten mit der Bezeichnung ›Z 3‹ wurden ca. 2600 Relais verwendet; seine Rechengeschwindigkeit betrug 15-20 Additionen pro Sekunde.

Nachdem Zuse mehrere Jahre aus privaten Mitteln seine Rechnerentwicklung finanziert hatte, erhielt er nach Kriegsbeginn materielle und personelle Unterstützung durch die Henschel Flugzeugwerke und die Deutsche Versuchsanstalt für Luftfahrt. Beide Betriebe waren mit der Entwicklung ferngesteuerter Bomben (V1, V2) befaßt und standen bei Konstruktion und Ballistik vor erheblichen rechentechnischen Problemen (vgl. Zuse, S. 82 f). Ein Antrag Zuses für die Fertigung von etwa zweitausend Elektronenröhren für den Bau eines elektronischen Rechenautomaten wurde jedoch vom Militär abschlägig beschieden (vgl. Petzold, S. 394).

In England hatte der Mathematiker Turing in seiner 1936 veröffentlichten Arbeit *On Computable Numbers with an Application to the Entscheidungsproblem* die logischen Prinzipien von Rechenautomaten über Babbage hinaus entscheidend weiterentwickelt. Unter Mitarbeit von Turing wurde von der Abteilung für Kommunikation des britischen Außenamtes unter dem Namen ›Colossus‹ ein Rechenautomat entworfen, konstruiert und im Dezember 1943 in Betrieb genommen. Diese Rechnerentwicklung wurde erst 1975 durch die Freigabe von Dokumenten durch die britische Regierung bekannt. Da die Geheimhaltungsvorschriften jedoch weiter bestehen, bleibt der Einsatzzweck des Rechenautomaten verborgen; eine Reihe von Anzeichen lassen jedoch vermuten, daß ›Colossus‹ für die Entschlüsselung von Funksprüchen des deutschen Militärs entwickelt und eingesetzt wurde. Diese Dechiffrierung häufig wechselnder Geheimcodes zur Nachrichtenübertragung erfordert eine so umfangreiche Rechenverarbeitungskapazität, daß sie nicht ohne schnelle maschinelle Hilfsmittel wirksam möglich ist.

Bei der englischen Rechnerentwicklung ging man einerseits mit der Anwendung der Dualarithmetik den gleichen

Weg wie Zuse, bei der Realisierung der Schaltungen des Rechen- und Speicherwerks entschied man sich jedoch für eine elektronische Bauweise (statt der Relaistechnik). Mit dem Bauelement Elektronenröhre erreicht man in der Rechenanlage eine um das 100- bis 1000fache höhere Rechengeschwindigkeit als mit einem mit Relais arbeitenden Rechenautomaten. Der Rechenautomat ›Colossus‹ war somit der erste einsatzfähige elektronische Computer der Welt.

In den USA zeichnete sich die Computerentwicklung in den 40er Jahren durch die enge Zusammenarbeit von Hochschulforschung, Industrie und Militär aus. Im Gegensatz zu dem vereinzelten Computerpionier Zuse stürzten sich in Amerika ganze Bataillone von Wissenschaftlern auf die Konstruktion von Computern. Der Mathematiker und Kybernetiker Wiener - er war selbst in den USA an der Computerentwicklung beteiligt - charakterisierte diese Situation so: »Zu dieser Zeit hatte sich die Entwicklung von Rechenmaschinen für die Kriegsbedürfnisse als wichtiger erwiesen, . . . , und sie schritt an mehreren Orten voran, ... Harvard, Aberdeen, Proving Ground und die University of Pennsylvania konstruierten schon Maschinen, und das Institute for Advanced Studies in Princeton und das Massachusetts Institute of Technology waren dabei, das gleiche Gebiet anzugehen. In diesem Programm lag ein stufenweiser Fortschritt vom mechanischen zum elektrischen Geräteteil, von der Zahlenbasis zehn zur Basis zwei« (vgl. Wiener, 1968, S. 35 f).

Die entwickelten Rechenanlagen wurden ausschließlich militärisch verwandt. Sie wurden beispielsweise für Zwecke der Kriegsführung, der ballistischen Bahnberechnung von Geschossen, der Feuerleitkontrolle für die Flugabwehr, der nautischen Längenbestimmung für Maßnahmen zur U-Boot-Abwehr und nach Kriegsende für den Bau der Wasserstoffbombe eingesetzt. Für die obengenannten Anwendungen mußten komplexe Berechnungen durchgeführt werden, wobei zum großen Teil erst durch den Computereinsatz die dafür erforderliche Rechenkapazität zur Verfügung stand.

Zur Entwicklung des ersten amerikanischen Computers auf Relaisbasis (Mark I, 1944) und des ersten US-Elektronenrechners (ENIAC, 1946) kam es folgendermaßen: Zu Beginn des 2. Weltkrieges wurde mit Hilfe von umgebauten IBM-Sortier- und Tabelliermaschinen ein neuer nautischer Almanach berechnet. Mit Hilfe dieser Navigationstafeln gelang es, die Zeit für die Bestimmung des Schiffsortes von 30 auf etwa 1 Minute zu senken und so die Abwehrchancen gegen aufgetauchte U-Boote drastisch zu erhöhen und die Seewege unter Kontrolle zu bringen. Anknüpfend an diese maschinellen Berechnungen entwickelte der Harvard-Mathematiker Aiken, finanziert von IBM, den Relaisrechner Mark I, der nach seiner Einweihung 1944 an die US-Marine verpachtet wurde. Dieser Rechner bestand aus zwei Schalttafeln mit 60 Wählscheiben für die Eingabe der Daten und 72 Speicherzählern für Addition, Subtraktion und die Zwischenspeicherung von maximal 23stelligen Zahlen und enthielt 3304 Relais, sowie 850 km elektrische Leitungen. Die Zahlen wurden im Dezimalsystem dargestellt.

1943 begannen Eckert und Mauchly von der ›Moore School of Electrical Engineering‹ der Universität von Pennsylvania den elektronischen Rechner ENIAC (Electronic Numerical Integrator and Computer) zu entwickeln, der 1946 fertiggestellt wurde. Er enthielt statt elektromechanischer Relais rund 18 000 Elektronenröhren als Schaltelemente; damit war eine Rechengeschwindigkeit von etwa 5 000 Additionen pro Sekunde möglich. Durch ringförmige Anordnung von jeweils 10 Röhren wurden die Zahlen ebenfalls dezimal dargestellt. Der Rechner wurde von der amerikanischen Armee, die an der Berechnung von Artillerie-Tafeln interessiert war, finanziert (vgl. Rodgers).

Nach seiner Fertigstellung wurde dieser Elektronenrechner - er war der bei weitem leistungsfähigste Rechenautomat in den USA - dann insbesondere für die Weiterentwicklung von Atombomben, für den Bau der Wasserstoffbombe und Überschallströmungsberechnungen eingesetzt. In der zweiten Hälfte der 40er Jahre ist also eine starke Interdependenz zwischen Rechnereinsatz und der Entwicklung von Massenvernichtungswaffen bestimmend. Gerade das militärische Interesse an immer zerstörerischen Waffenarsenalen sollte von nun an die technologische Weiterentwicklung von Computersystemen maßgeblich bestimmen. Bis Mitte der

50er Jahre wurden in den von der Atomenergiekommission (AEC) finanzierten Laboratorien weitere Rechenanlagen gebaut, die nur für die Nuklearwaffenentwicklung und -produktion bestimmt waren.

Die Entwicklung der Rechenkapazität von Computern hatte darüber hinaus für bestimmte Wissenschaften eine erhebliche Bedeutung. Zu erwähnen wären hier Unternehmensforschung, Planspieltechniken, Simulationsverfahren und die Kybernetik.

So unterschiedlich im einzelnen die Computerentwicklung in Deutschland, England und USA verlief (Relaistechnik oder Elektronenröhren, Dezimal- oder Dualarithmetik), die Funktionsweise der Programmsteuerung war immer dieselbe. Ein Programm wurde sukzessive von außen eingegeben, interpretiert und der Befehlsablauf der jeweiligen Operation ausgeführt, solange bis der letzte Befehl des Programmes erreicht war. In dieser Form sind ganz bestimmte Programmabläufe - beispielsweise Befehlswiederholungen und Programmsprünge innerhalb der Befehlsfolge - nur sehr schwer zu realisieren. Ein ganz entscheidender Entwicklungsschritt in der Computertechnik stand folglich noch aus: das Programm zur Steuerung der Datenverarbeitung selbst sowie die Daten im Speicher des Rechenautomaten abrufbar zu speichern. Dies wurde 1944/45 von Eckert, Mauchly und v. Neumann konzeptionell entwickelt und 1949 von Eckert und Mauchly in einer Rechenanlage mit der Bezeichnung ›Binac‹ zum ersten Mal computertechnisch realisiert. Dieses Prinzip der Speicherprogrammierung erleichtert die Programmierung ganz erheblich und bildet vor allem die Grundlage für den Einsatz von Programmiersprachen, indem die automatische Umsetzung der in dieser Sprache formulierten Programme in die maschineninterne Befehlsfolge ermöglicht wird. Damit war die auch heute noch gültige grundlegende Struktur des Computers geschaffen.

Wenige Jahre nach Ende des 2. Weltkriegs war also das Know-how für den Bau eines technologisch leistungsfähigen Universalrechners vorhanden: der im militärischen Bereich geleistete Aufwand bei der Entwicklung sowie die intensive Zusammenarbeit zwischen Staat und universitärer

Forschung führte dann zu Beginn der 50er Jahre zur Produktion der ersten Computer, die nicht-militärischen Zwecken dienten. Den ersten Universalcomputer in Serie mit der Bezeichnung ›Univac I‹ baute allerdings nicht der heute bei weitem größte Computerhersteller (ca. 60% Weltmarktanteil), der multinationale Konzern IBM, sondern ein Konkurrent auf dem Gebiet von Büromaschinen - die Remington Rand Inc. IBM hatte sich durch eine Fehleinschätzung der Marktforschung Ende der 40er Jahre davon abhalten lassen, die Rechnertechnologie für eine Serienproduktion weiterzuentwickeln. ›Univac I‹ baute auf dem schon erwähnten ›Binac‹-Computer, den Eckert und Mauchly in einer von ihnen gegründeten Computerfirma entwickelt hatten, auf. Diese Firma wurde 1950 von Remington aufgekauft und Mauchly übernahm die Computerentwicklung von ›Univac I‹. Als erster nicht-militärischer Computeranwender hat 1951 das statistische Amt der USA diesen Computertyp angeschafft. Insgesamt blieben die Verkaufszahlen dieses ersten in Serie gebauten Computers - alle bislang eingesetzten Rechenautomaten waren in Einzelfertigung entstanden - trotz spektakulärer Werbemaßnahmen noch sehr gering (ca. 20 Systeme). Durch den Innovationssprung von Remington aufgeschreckt, unternahm IBM große Anstrengungen, ebenfalls eine marktfähige elektronische Rechenanlage zu produzieren. Die Konzerngröße erlaubte es IBM, innerhalb von nur 12 Monaten riesige Geldmengen aufzuwenden: und schon 1952 konnte IBM die ersten für wissenschaftliche Zwecke und 1953 die ersten für kommerzielle Zwecke einsetzbaren Computer herstellen.

Der Einsatz der elektronischen Rechenanlagen dieser ersten Entwicklungsstufe erforderte eine detaillierte Kenntnis der Funktionen der Maschine, da noch nicht von den Befehlstypen des Computers abstrahiert und auf logischer Ebene unabhängig von der spezifischen Befehlsstruktur programmiert werden konnte. Die Anwendung von Datenverarbeitungsanlagen dieser Entwicklungsstufe hatte folglich für die maschinenbezogene Programmierung technisch-wissenschaftlich ausgebildetes Personal zur Voraussetzung.

Die erste Entwicklungsstufe der EDV wurde durch Probleme bestimmt, die ohne die Rechenkapazität von Computern schwer lösbar gewesen wären. Kosten spielten dabei eine untergeordnete Rolle, da die Anwendung im militärischen Bereich lag. Beim weiteren technisch-wissenschaftlichen Computereinsatz bis Mitte der 50er Jahre zeigte sich, daß etwa 60 bis 80 % der Gesamtkosten von durchgeführten EDV-Projekten für die Programmierung benötigt wurden. Dieser sehr hohe Kostenanteil war durch die überaus zeitaufwendige Programmierung sowie durch die Tätigkeit von überdurchschnittlich bezahlten Wissenschaftlern bei diesen Programmierarbeiten bedingt. Die hohen Kosten waren eine Barriere für die Computeranwendung in Bereichen, in denen ein EDV-Einsatz zwar nicht aus Gründen hoher Rechenkapazitäten notwendig war, sich aber zur Einsparung von Personalkosten eine Automatisierung von Routineaufgaben anbot.

Die maschinenmäßige Programmierung, die die fortschreitende Rationalisierung der Kopfarbeit in Wirtschaft und öffentlicher Verwaltung behinderte, mußte also selbst rationalisiert und automatisiert werden. Deswegen wurden in den 50er Jahren große Anstrengungen unternommen, Programmiersprachen zu entwickeln, die nicht mehr detaillierte maschinenbezogene Kenntnisse voraussetzten. In dieser Zeit entstanden die sog. problemorientierten Programmiersprachen FORTRAN (für technisch-wissenschaftliche Probleme) und COBOL (an kaufmännischen Aufgaben orientiert). Durch die Entwicklung dieser Sprachen wurde die Programmierung von der Maschine auf eine logische Ebene gehoben. Kennzeichen dieser Veränderung war die von nun an einsetzende Arbeitsteilung in Aufgabenbereiche, die einerseits mehr maschinenbezogen (man spricht von der Hardware) und andererseits mehr programmierungsbezogen (man spricht von der Software) sind. Dies hat zur Folge, daß der EDV-Anwender seine Datenverarbeitungsaufgaben in einer Sprache formulieren konnte, die mehr oder weniger die Programmierung vom Ballast spezieller maschineninterner Kenntnisse ablöste. Die Erstellung der für den maschineninternen Ablauf notwendigen Programme wurde jetzt durch einen automatisierten Prozeß vom Computer selbst erreicht: mit Hilfe von System-Programmen - sog. Übersetzungsprogrammen - wird die problemorientierte Programmiersprache in die dem Computer spezifische Maschinensprache umgesetzt. Damit wird einerseits der Zeitaufwand für die Programmierung erheblich reduziert und andererseits werden die Problemlösungen von einer speziellen Hardware unabhängig. Vor allem durch das Pentagon wurde die Standardisierung der Sprache COBOL vorangetrieben.

Daneben erfuhr die Leistungsfähigkeit der Computer Ende der 50er Jahre durch ein neues elektronisches Bauelement eine erhebliche Steigerung: Die Rechengeschwindigkeit wurde um das Zehnfache erhöht, die Zuverlässigkeit der Elektronik verbessert und die Bauweise kompakter. Dies wurde durch den Übergang von Elektronenröhren zu Transistoren möglich (diese technische Entwicklungslinie wird sehr häufig als zweite Computergeneration bezeichnet).

Durch die genannten Verbesserungen von Hardware und Software hatte sich der Computer in den 50er Jahren zu einem Maschinensystem entwickelt, das die Automatisierung der Informationsverarbeitung in Unternehmen und öffentlicher Verwaltung als äußerst flexibles Instrument erlaubte. Der entscheidende Schritt für den weitreichenden Computereinsatz in Verwaltungs-, Produktions- und Dienstleistungsbereichen war getan.

In den westlichen Industriestaaten war die wirtschaftliche Entwicklung in den 60er Jahren durch ein hohes industrielles Wachstum gekennzeichnet, verbunden mit einer starken Expansion des Welthandels. In der Industrie dehnten sich infolgedessen kaufmännische und kaufmännisch-technische Aufgaben - alles informationsverarbeitende Tätigkeiten - weiter aus. Neben dem quantitativen Wachstum der Warenproduktion beruhte die Zunahme der Kopfarbeit zum einen auf der wachsenden Arbeitsteilung der Produktion und zum anderen auf der Differenzierung der Produkte; darüber hinaus führte auch eine Verschärfung der Marktsituation infolge zunehmender Konkurrenz auf dem Weltmarkt zum ständigen Anstieg der Angestelltenarbeitsplätze.

Schließlich bedeutet Konzentrationsbewegung des Kapitals vor allem auch Zusammenfassung vieler Produktions- und Zirkulationseinheiten in Form von Kapitalverflechtung und Produktionsspezialisierung, was wiederum zum Anwachsen von Informationsflüssen zwischen diesen Einheiten führt. Hervorragendes Beispiel dafür sind die multinationalen Konzerne, die in über die ganze Welt verteilten Betrieben operieren.

Im Gefolge der industriellen Expansion erfährt auch der Sektor der privaten und staatlichen Dienstleistungen ein starkes Wachstum. Dabei breiten sich Handel und Verkehr rasch aus, ebenso expandieren Banken und Versicherungen sowie staatliche Leistungen (Bildungswesen, öffentliche Verwaltung etc.). Diese Entwicklung hatte ein überproportionales Wachstum der informationsverarbeitenden Tätigkeiten zur Folge. Die Ausdehnung der Kopfarbeit wird denn auch - wie die Tabelle für die westdeutsche Nachkriegsentwicklung zeigt - in der Zunahme des Anteils der Angestellten an den abhängig Beschäftigten deutlich.

Entwicklung der Angestelltenzahlen in der Bundesrepublik Deutschland (Quelle: Statistisches Bundesamt; Gebietsstand ab 1957 mit Berlin (West) und Saarland)

Jahr	Angestellte in 1000	Anteil der Angestellten an den abhängig Beschäftigten in %
1950	3524	22,5
1957	5091	26,1
1960	6159	30,4
1965	6976	32,1
1970	7800	35,1
1975	8378	39,2
1979	8927	40,6

In dem Maße, in dem sich die Kopfarbeit ausdehnt, wächst auch der Druck, die dafür aufzuwendenden Kosten so niedrig wie möglich zu halten. Dies war nur durch eine Steigerung der Effektivität der Informationsverarbeitung zu erreichen, folglich mußten durch Rationalisierungsmaßnahmen die Kosten für informationsverarbeitende Tätigkeiten gesenkt werden. In der Vergangenheit war dies in den Industrieverwaltungen durch organisatorische Maßnahmen und Maschineneinsatz in Form von mechanischen und elektromechanischen Rechen-, Schreib- und Lochkartenmaschinen geschehen. Seit Ende der 50er Jahre stand nun mit dem Computer ein Maschinensystem zur Verfügung, das Daten quantitativ und qualitativ leistungsfähiger verarbeiten konnte. Die schnell anwachsende Informationsverarbeitung wurde jetzt zum Auslöser für das Eindringen der elektronischen Datenverarbeitung in die Kopfarbeit bei Produktion und Zirkulation. So drängte die EDV in Angestelltentätigkeiten herein; ganze Funktionsbereiche wurden erstmalig für eine Automatisierung der Informationsverarbeitung erschlossen. Während der Computer in der ersten Zeit seiner Anwendung vor allem aufgrund seiner hohen Geschwindigkeit Rechenhilfsmittel für komplexe mathematische Datenverarbeitungsprozesse war, benutzte man jetzt seine universelle Einsatzfähigkeit für alle Massendatenverarbeitungsprozesse mit Routinecharakter.

Der mit der Ausdehnung der Informationsverarbeitung verbundene Rationalisierungsdruck hat dabei unterschiedliche Wirkungen in den verschiedenen Arbeitsprozessen. Je nach Art, Umfang und Komplexität der Arbeitsprozesse bereiten diese der Rationalisierung und dem Einsatz von Maschinen mehr oder weniger große Schwierigkeiten.

Taylor erobert die Verwaltung ...

Bereits in den zwanziger Jahren, während der ersten großen Bürorationalisierungswelle, wurden in großer Zahl informationsverarbeitende Maschinen, Rechen-, Schreib- und Lochkartenmaschinen, eingeführt. Aufgrund des Arbeitsablaufs lassen sich in allen diesen Arbeitsprozessen relativ einheitlich folgende Arbeitsschritte unterscheiden: Eingang der Belege registrieren, Belege auf formale Richtigkeit und Plausibilität prüfen, Verteilung auf die zuständige Sachbearbeitungsinstanz, Sachbearbeitung. Grundlage dafür ist ein Formular, das nicht nur als Träger der zu erfassenden oder zu verarbeitenden Daten dient, sondern in dessen Aufteilung sich bereits die Verarbeitungsvorschrift widerspiegelt. Die dabei zu verarbeitenden, jeweils gleichartigen Daten fallen in zahlenmäßig großem Umfang an; sie sind jedoch im Vergleich zu denen aus dem Bereich der Produktion meist von einfacher Struktur. Zudem hat man es nur mit einer einzigen Quantität - dem Geld - zu tun; die übrigen Daten sind Worte, beispielsweise Kundenadressen, beschreibende Merkmale von Waren und dergleichen.

Auch die Vorschriften, nach denen diese Daten verarbeitet werden, sind äußerst einfach aufgebaut und beschränken sich im wesentlichen auf das Rechnen mit den vier Grundrechenarten, Sortieren, Suchen und Vergleichen. Man bezeichnet diesen Datenverarbeitungsprozeß als ›Kommerzielle Datenverarbeitung‹.

Zur weiteren Verdeutlichung sei als typische Aufgabe der kommerziellen Datenverarbeitung das folgende, etwas vereinfachte Beispiel angeführt: In einem Betrieb soll für einen bestimmten Monat die Lohnabrechnung durchgeführt werden. Zum Ersten des Monats sind zwei Arbeitskräfte ausgeschieden und eine neu eingestellt worden. Daher ist zunächst die alphabetisch nach den Namen der Lohnempfänger geordnete Lohnkartei (bzw. -datei) auf den neuesten Stand zu bringen; unter den Datensätzen, in denen sämtliche für die Lohnabrechnung erforderlichen Daten je Arbeitskraft enthalten sind, sind diejenigen mit den Namen der Ausgeschiedenen zu suchen und zu löschen, während derjenige des Neueingestellten an der richtigen Stelle einzuordnen ist. Danach sind die für den Monat gesammelten Lohnzettel (Eingabedaten) nach Arbeitskräften zu sortieren. Je Arbeitskraft sind dann folgende Arbeitsschritte durchzuführen:

- Addition sämtlicher auf den Lohnzetteln ausgewiesener Arbeitsminuten;
- Multiplikation der addierten Arbeitsminuten mit dem der Lohngruppe entsprechenden Minutensatz (= Bruttolohn);
- Ermittlung der Lohnsteuer nach der Steuertabelle sowie der Beiträge zur Sozialversicherung;

- Substraktion sämtlicher Abzüge vom Bruttolohn (= Nettolohn);
- Schreiben von Bruttolohn, Abzügen und Nettolohn in die Lohnkartei (bzw. -datei)
- Als Ergebnis sind eine Lohnliste zu schreiben sowie für die Betriebsstatistik die Brutto- und Nettolöhne sowie Abzüge für alle Arbeitskräfte zu kumulieren.

Bei Übernahme der Lohnabrechnung durch ein EDV-System wird der gesamte Komplex der Informationsverarbeitung im Computer durchgeführt. Die Verarbeitungsvorschriften sind dabei in Form von Programmen Bestandteil des EDV-Systems. Hierin liegt der qualitative Unterschied gegenüber herkömmlichen Rationalisierungsinstrumenten wie beispielsweise Tischrechenmaschinen oder Buchungsautomaten. Die Anwendung dieser Maschinen veränderte zwar den Arbeitsprozeß der Informationsverarbeitung in den Verwaltungen und Büros, vollzog aber noch nicht eine grundlegende Strukturveränderung in der Organisation der Kopfarbeit: Die menschliche Arbeitskraft blieb Träger des Informationsverarbeitungsprozesses, Maschinen dienten lediglich als Hilfsmittel zur Rationalisierung der Rechen- und Schreibprozesse. Bei der Automatisierung der Informationsverarbeitung durch EDV wird dagegen lebendige Kopfarbeit in vielfältigen Angestelltenfunktionen beseitigt. Die Kopfarbeit ist in tote Arbeit in Gestalt von Programmen eines EDV-Systems umgewandelt. Die Programme eines EDV-Systems stellen sozusagen »geronnene« Kopfarbeit dar.

Bei sehr vielen EDV-Rationalisierungen war in den 60er Jahren die Automatisierung der Lohnabrechnung der erste Schritt zur Computeranwendung. Die Arbeitsaufgaben der Lohnabrechnung sind in fast allen Betrieben zentral, in der Lohnbuchhaltung, organisiert. In diesen Abteilungen werden überwiegend Sachbearbeitertätigkeiten ausgeführt; kaufmännische Angestellte arbeiten hier meist als Kontenführer oder Lohnbuchhalter. Wie sich ein EDV-Einsatz in diesem Bereich auf die Beschäftigten auswirken kann, soll durch eine Fallstudie (übernommen aus Fuhrmann, S. 60 f) erläutert werden: In einem Unternehmen der Baustoffindustrie wird für das Hauptwerk und ein Zweitwerk die

Lohnabrechnung zentral bearbeitet. Im Jahre 1968 wird ein automatisiertes EDV-Verfahren eingeführt. In der Lohnbuchhaltung waren vor der EDV-Umstellung 24 Angestellte mit folgenden Funktionen beschäftigt: Ein Abteilungsleiter, vier Gruppenführer, fünf Lohnbuchhalter, fünf Lohnrechner, fünf Lohnkontenführer, eine Abteilungssekretärin und drei Schreibkräfte. Nach Übernahme des EDV-Verfahrens für die Lohnabrechnung wurden 20 der 24 Angestellten der früheren Lohnbuchhaltungsabteilung wegrationalisiert. Die vier verbliebenen Beschäftigten waren der ehemalige Abteilungsleiter und eine Schreibkraft, die jetzt mit Aufgaben der Tarifüberprüfung bzw. Beurteilungen befaßt waren, dazu kamen zwei ehemalige Lohnbuchhalter, die für die Prüfung der Dateneingabe für das EDV-Verfahren zuständig waren. Für die 20 betroffenen Beschäftigten, die ihren Arbeitsplatz verloren hatten, führte die Einführung des Computers in ihrem Arbeitsgebiet zu folgenden Konsequenzen: 13 Angestellten wurde gekündigt bzw. kündigten selbst, drei Beschäftigte wurden vorzeitig pensioniert, eine Lohnrechnerin beendete ihre Erwerbstätigkeit aus familiären Gründen, zwei ehemalige Lohnkontenführer fanden eine Anlerntätigkeit in der EDV-Abteilung und ein Lohnbuchhalter wechselte in die Betriebsbuchhaltung. Eine Befragung der 13 Arbeitnehmer, denen gekündigt wurde oder die von sich aus kündigten, hatte ergeben, daß alle wieder einen neuen Arbeitsplatz im Bereich allgemeiner Verwaltungsaufgaben gefunden hatten. Bis auf eine Ausnahme mußten aber alle finanzielle Einbußen hinnehmen.

Soweit diese Fallstudie. Wir können daraus einige verallgemeinerungsfähige Schlußfolgerungen ziehen, obwohl der exemplarische Charakter der Untersuchung bedacht werden muß. Bei einer Umstellung der Informationsverarbeitung kommerzieller Datenkomplexe auf EDV-Verfahren steht besonders der Effekt der Rationalisierung im Vordergrund. Neben Qualitätsverbesserungen (Fehlerreduzierung, Verringerung der Bearbeitungszeit) sollen vor allem Personalkosten reduziert werden. Da in einem Unternehmen weitaus die meisten Angestellten im Bereich der kommerziellen Datenverarbeitung beschäftigt sind, steht hier ein großes Rationalisierungspotential zur Verfügung. Neben angelernten Büro- und Verwaltungsbeschäftigten sind also vor allem kaufmännische Angestellte mit Sachbearbeiterfunktionen betroffen.

Wie verändert sich nun die Arbeitssituation der Angestellten durch die Einführung von Computern? Die Anwendung der EDV bewirkt erst einmal, daß die Arbeitsteilung im Bereich der Informationsverarbeitung ausgebaut wird: Die Aufgabenerfüllung wird auf zwei Bereiche verteilt, den spezifischen Fachbereich - als sog. »Benutzerabteilung« von EDV-Kapazität - und die »EDV-Abteilung«. Schon die gebräuchliche Wortwohl »Benutzerabteilung« deutet darauf hin, daß die Anwendung der EDV organisatorisch zu einer Zentralisierung der Informationsbearbeitung führt und darüber hinaus Computersysteme zum bestimmenden Träger der Datenverarbeitungsprozesse werden. Im Grunde aber verschleiert der Begriff »Benutzer« auf der Ebene der operativen Datenverarbeitung den tatsächlichen Arbeitsablauf der EDV-Verfahren. Nicht die Angestellten in den Fachabteilungen bedienen sich der zentralen EDV-Kapazität, sondern die automatisierten Datenverarbeitungsprozesse (in Form von Programmen in einem zentralen Computer) »benutzen« die Sachbearbeiter zur Erledigung einfacher Hilfs- und Bedienungsfunktionen - z. B. zum Ausfüllen der Eingabeformulare und zur Kontrolle der Ausgabebelege. Der gesamte Arbeitsablauf, einschließlich des Arbeitsrhythmus, ist durch den EDV-Einsatz vorgegeben. Der eigentliche Verarbeitungsprozeß, der fachspezifischer Kenntnisse und Erfahrung bedarf, wird durch Programme abgewickelt, die in der überwiegenden Mehrzahl der Fälle von den »Benutzern« der EDV-Verfahren nicht überblickt werden. Den Organisationswissenschaftlern Kieser und Kubicek ist daher zuzustimmen, wenn sie feststellen: »Der Computereinsatz führt daher nicht nur zu einer räumlichen Aufgliederung mehr oder weniger umfangreicher Teilaufgaben und damit zu einer räumlichen Distanz zwischen den ›Benutzern‹ und dem Computer. Er führt auch zu einer geistigen, psychischen Distanz, da für den Benutzer die neuen Verfahren oft nicht mehr transparent und nachvollziehbar sind« (Kieser, Kubicek, S. 255). Die verbleibende Tätigkeit der Angestellten in den »Fachabteilungen« ist also zum großen

Teil vom Inhalt des zugrundeliegenden Informationsverarbeitungsprozesses abgehoben. Diese Restaufgaben haben daher den Charakter »abstrakter« Arbeit, die mehr oder weniger die Schranken der Subjektivität der Arbeitskraft überwunden hat.

Das computerorientierte Verfahren degradiert die verbleibenden Sachbearbeiter zu »Bedienungspersonal« für die Datenzulieferung und Verteilung der Ergebnis- und Statistiklisten.

Diese vom speziellen Arbeitsinhalt abgetrennten Tätigkeiten erfahren eine bedeutende Dequalifizierung. Daneben bedingt die Automatisierung einen Abbau von Dispositionsspielräumen und Kompetenzen für die verbleibenden menschlichen Aufgabenbereiche. Die Scheidung der »neuen« Tätigkeiten (Kontroll- und Bedienungsfunktionen) vom eigentlichen Verarbeitungskomplex sowie die abnehmenden Gestaltungsmöglichkeiten haben zwangsläufig wachsende Monotonie, Entfremdung, Verlust an Qualifikation, also insgesamt verschlechterte Arbeitsbedingungen zur Folge. Die Qualifikations- und Tätigkeitsveränderungen, die hier exemplarisch für den Aufgabenkomplex der Lohnabrechnung angeführt wurden, treffen mehr oder weniger auf alle Bereiche der *administrativen Datenverarbeitung* zu. Fachspezifische Kenntnisse und Fähigkeiten werden durch die EDV zunehmend durch fachunspezifische Anforderungen ersetzt, was zu einem steigenden Abstraktionsgrad der Verwaltungstätigkeiten führt. Die menschliche Arbeitskraft im Angestelltenbereich wird dadurch so flexibel einsetzbar, daß innerbetriebliche Personalumsetzungen problemlos möglich werden. Neben der Rationalisierung der Aufgabenerfüllung werden EDV-Systeme so gestaltet, daß automatische Steuerung und Kontrolle des Arbeitsablaufs organisatorisch in das computerorientierte betriebliche Informationssystem eingebettet sind. Insbesondere die Bestimmung des Arbeitstempos und des Arbeitsrhythmus durch Computersysteme dienen als Steuerungs- und Kontrollmittel. Da der zeitliche Arbeitsablauf einerseits in den angewandten Programmen vorgegeben und andererseits durch die Arbeitsvorbereitung der EDV-Abteilung festgelegt wird, werden die Sachbearbeiter in den »Benutzerabteilungen« in doppelter Hinsicht anonym »gesteuert«. Der Einsatz von Computersystemen macht die Informationsverarbeitung damit zu einem fabrikähnlichen Fließprozeß, man kann von einer Industrialisierung der Verwaltungsarbeit sprechen.

Dabei werden die Struktur und die Ökonomie der Arbeitsprozesse diverser Verwaltungstätigkeiten grundlegend verändert. Während z. B. Rechen-, Schreib- und Buchungsmaschinen für die Angestellten die Funktion eines Arbeitsmittels haben, welches ihnen bei der Aufgabenerledigung dient, gestaltet die EDV den Arbeitsprozeß für die betroffenen Angestellten völlig um: Computersysteme werden zu Instrumenten in der Hand des Managements, in denen viele Funktionen der Informationsverarbeitung vergegenständlicht und mit den verbleibenden Tätigkeiten menschlicher Arbeit synchronisiert werden. Damit wird der Herrschaftscharakter der EDV in betrieblichen Informationssystemen sehr deutlich. Dazu noch einmal Kieser und Kubicek: »Der einzelne Sachbearbeiter weiß oft gar nicht mehr, was mit seinen Arbeitsergebnissen im einzelnen noch geschieht, und das Gefühl, von der Maschine Anweisungen zu erhalten und/oder überwacht zu werden, verstärkt sich. Während er die Büromaschine vollkommen beherrschte, besteht nun der nicht unberechtigte Eindruck, daß er von der Maschine beherrscht wird . . . Während für den Sachbearbeiter mit dem Computereinsatz tendenziell eine stärkere Strukturierung und Kontrolle verbunden ist, wird für das obere Management eine Erweiterung und Verbesserung seiner Leistungs-, Entscheidungs- und Überwachungsaufgaben geschaffen. Wenn das Management die entsprechenden Wünsche äußert und die damit verbundenen Kosten in Kauf nehmen will, so wird der Computer in seiner Hand zu einem perfekten Steuerungs- und Kontrollinstrument« (Kieser, Kubicek, S. 255 ff).

So wurden im Bereich der Büro- und Verwaltungstätigkeiten Arbeitsbedingungen geschaffen, die in der materiellen Produktion schon lange vorherrschen. Die Automatisierung der Kopfarbeit bewirkt, daß die Subjektivität der Arbeitskraft (Kenntnisse, Erfahrung usw.) durch tote Kopfarbeit ersetzt wird. Die Übertragung geistiger Tätigkeiten (hier: der kommerziellen Datenverarbeitung) auf ein EDV-System läßt einen Arbeitsprozeß entstehen, in dem die Informationsverarbeitung die »persönlichen Schranken der menschlichen Arbeitskraft« (Karl Marx) sprengt: Computer-Systeme wurden zum bestimmenden Träger der Informationsverarbeitungsprozesse.

Wie sieht die Arbeitssituation der in den EDV-Abteilungen beschäftigten Angestellten aus? In den zentralisierten EDV-Abteilungen selbst wurde die mit der Datenverarbeitung verbundene Arbeit ebenfalls stark zergliedert und auf unterschiedliche Hierarchiestufen verteilt. Dadurch entstanden neue Berufsbilder: Systemanalytiker, Organisator, Programmierer, Maschinenbediener, Datenerfasser. EDV-Abteilungen sind meist in drei Aufgabenbereiche gegliedert; EDV-Entwicklung, EDV-Durchführung und Datenerfassung. Dem Bereich EDV-Entwicklung lassen sich die Tätigkeiten des Systemanalytikers, des Organisators und des Programmierers zuordnen. Hier werden die Informationsverarbeitungsprozesse analysiert und einer Automatisierung zugänglich gemacht; Systemanalytiker und Organisatoren entwerfen das EDV-System, das dann von Programmierern in Computerprogramme umgesetzt wird.

Im Bereich der EDV-Durchführung erfolgt die EDV-Abwicklung für die verschiedenen Benutzerabteilungen. Organisatorisch wird die EDV-Durchführung in die Bereiche Arbeitsvorbereitung, Maschinenbedienung und Datenträgerarchivierung aufgeteilt. In den zentralen EDV-Abteilungen sind folglich im besonderen diese Tätigkeitsbereiche für die Abwicklung aller EDV-orientierten Verfahren zuständig. Die Umsetzung der Daten des betrieblichen Informationssystems auf computergerechte Datenträger erfolgt im Bereich der Datenerfassung.

Während der ersten Entwicklungsstufe der EDV waren die verschiedenen Aufgaben mehr oder weniger noch in einer Hand vereinigt. Erst die EDV-Anwendung in der kommerziellen Datenverarbeitung vollzog die scharfe Arbeitsteilung, da hier der EDV-Einsatz im Gegensatz zum militärisch-wissenschaftlichen Einsatz des Computers allein unter Effektivitätsgesichtspunkten erfolgt. Für die Beschäftigten in den EDV-Abteilungen bedeutete dies eine starre Einpassung in hierarchische Ebenen mit sehr unterschiedlichen Gehaltsstufen. So schuf auch im EDV-Bereich erst die Taylorisierung der Arbeit die Voraussetzung für einen umfassenden Computereinsatz.

In den EDV-Abteilungen wurde dabei die geschlechtsspezifische Qualifikationsstruktur weiter verfestigt; in der Systemanalytiker-Schicht - in der Hierarchie am höchsten angesiedelt - sind kaum Frauen anzutreffen, während auf der untersten Stufe, der Datenerfassung, ausschließlich Frauen beschäftigt sind. Daneben führte die Arbeitsteilung in den EDV-Abteilungen im Bereich der Informationsverarbeitung zu einer voranschreitenden Trennung von Hand- und Kopfarbeit. Einige Teilaufgaben bestehen ausschließlich aus Handarbeit, so u. a. die Tätigkeit der Datenerfassung und weite Bereiche der Maschinenbedienung von Computersystemen (Auf- und Abrüsten der Geräte mit Papier, Lochkarten, Magnetbändern usw.). Demgegenüber etabliert sich eine kleine Minderheit hochspezialisierter Kopfarbeiter (Systemanalytiker, Programmierer), die praktisch die gesamte EDV »vorprogrammieren«, während alle anderen Bereiche mehr oder weniger mit ausführenden Tätigkeiten beschäftigt sind. Insbesondere im Bereich der Datenerfassung bewirkt die Arbeitsteilung eine äußerst inhumane Arbeitsplatzgestaltung; die Beschäftigten unterliegen hier sehr oft den Arbeitsbedingungen von Akkordarbeit: »Der stellvertretende Direktor einer Versicherungsgesellschaft bemerkte mit einer Handbewegung auf einen Raum voller Locherinnen: ›Das einzige, was ihnen fehlt, ist eine Kette‹, und er erklärte, was er meinte, indem er hinzufügte, die Maschinen hielten die ›Mädchen‹ an ihren Schreibtischen fest, wo sie monoton und endlos Lochkarten stanzten« (zitiert nach Braverman, S. 257).

Viele der im Zuge der Arbeitsteilung im EDV-Bereich entstandenen Berufe erfordern ausschließlich Kenntnisse auf Anlernniveau: insbesondere die Aufgabenbereiche der Maschinenbedienung und Datenerfassung, aber auch große Teile der Programmierung. Die Fähigkeiten dazu können in wenigen Wochen bzw. Monaten erworben werden. Von einer allgemeinen »Höherqualifizierung« der Beschäftigten kann also nicht die Rede sein. Die dargestellte Qualifikationsstruktur findet auch im Ausbildungs- und Weiterbildungssystem ihren Niederschlag: es existieren so gut wie keine definierten Ausbildungsgänge; die erforderlichen Kenntnisse und Fähigkeiten werden deshalb in kurzen Arbeitsplatzeinweisungen bzw. Kursen vermittelt - es entsteht ein Wissen, daß häufig über das Anlernniveau nicht hinausgeht und oft nur betriebs- und computersystemspezifisch ist. Die Arbeitsbedingungen verschiedener EDV-Berufe wurden damit der Arbeitssituation eines angelernten Arbeiters am Fließband durchaus ähnlich: es kommt zu äußerst monotoner Arbeit unter Zeitdruck, häufig auch zu Schichtarbeit.

Demgegenüber bildeten sich einige wenige Arbeitsplätze heraus, die ein technisch breites EDV-Wissen sowie in Teilbereichen hochspezialisierte Fertigkeiten erforderten. So wird in der Regel von den Beschäftigten im Aufgabenbereich der Systemanalyse ein Hochschulstudium verlangt; für Tätigkeiten in der Systemprogrammierung sind ebenfalls jahrelang erworbene Fähigkeiten notwendig.

Eine breite Rationalisierungswelle bei den operativen Datenverarbeitungsprozessen in fast allen Großunternehmen der westlichen Industriestaaten ließ die Zahl der eingesetzten Computer in den 60er Jahren schnell anwachsen (vgl. Tabelle).

Installierte Computer in einigen westlichen Industriestaaten (Quelle: Diebold-Statistiken)

	1961	1962	1963	1964	1965	1966	1967	1968
BRD	308	548	690	1019	1618	2241	2900	3863
Frankreich	170	282	455	681	1043	1568	2008	2850
Großbritannien	225	335	480	670	1160	1851	2252	2800
Westeuropa	991	1707	2561	3815	5954	8726	11 205	14 830
USA	4515	7230	10 753	15 247	21 183	26 656	34 594	47 095

Zum unangefochtetenen Marktführer entwickelte sich in dieser Zeit das multinationale Unternehmen IBM, das von 1959 bis 1963 weltweit über 5000 seiner kommerziell orientierten Computer mit der Bezeichnung ›1401‹ vertrieb. Mit der Einführung einer neuen Computergeneration vollzog dann IBM 1965 einen weiteren gewaltigen Technologiewandel, der gegenüber anderen Konkurrenten auf dem Computermarkt einen Vorsprung von 3 bis 5 Jahren bedeutete. Dabei berührten die technologischen Veränderungen Hard- und Softwarekomponenten. Durch integrierte Schaltkreise wurden die Schaltungen im Computer wesentlich kompakter, die Rechengeschwindigkeit noch einmal um das 100fache (!) höher und die Zuverlässigkeit der Hardware insgesamt größer. Wesentlicher Punkt der neuen Technologie war die Konzeption des Computers als »System-Familie«: Systembestandteile wurden austauschbar, insbesonders konnte bei erhöhtem Kapazitätsbedarf auf größere Computermodelle bei weiterer Einsatzfähigkeit der vorhandenen Benutzerprogramme gewechselt werden. Darüber hinaus konnten jetzt sog. Betriebssysteme eingesetzt werden, deren Aufgabe es ist, eine Mittlerfunktion zwischen der Computerhardware und den Benutzerprogrammen wahrzunehmen. Diese Betriebssysteme machten es beispielsweise möglich, mehrere Programme parallel bearbeiten zu lassen, was zu einer Steigerung der Leistungsfähigkeit führte. Daneben war man jetzt in der Lage, durch den Einsatz von Magnetplattenspeichern, große Datenmengen in beliebiger Folge zu verarbeiten. Dadurch wurde das Anwendungsspektrum für eine automatisierte Informationsverarbeitung noch einmal bedeutend erweitert. Durch diese Neuerungen (oft als 3. Computergeneration bezeichnet) konnte IBM viele Kunden von anderen Herstellern abwerben bzw. neue EDV-Anwender gewinnen. Gesetze über Monopolmißbrauch in den USA oder Westeuropa haben IBM nicht stören können, seine Stellung auf dem Computermarkt immer wieder auszunutzen. Dabei mußte IBM in gerichtlichen oder außergerichtlichen Vergleichen gelegentlich mehrere Millionen Dollar an kleinere Firmen der Computer-Branche zahlen. Eine von IBM mehrmals angewandte Strategie, um Konkurrenten aus dem Felde zu schlagen, bestand z. B. darin, Computermodelle anzukündigen, die gar nicht existierten und auch nicht geplant waren. So versuchte IBM beispielsweise Mitte der 60er Jahre, eine kleine amerikanische Computerfirma (Control Data), die sich auf wissenschaftliche Computer spezialisiert hatte, aus diesem Teilmarkt zu verdrängen. IBM warb mit einem Konkurrenzprodukt, das gar nicht vorhanden und lieferbar war. Allein aber durch die IBM-Ankündigung wurden Aufträge für Control Data wieder storniert. Anfang der 70er Jahre mußte IBM auf Grund dieser Geschäftspraktik in einem außergerichtlichen Vergleich einen erheblichen Entschädigungsbetrag an Control Data zahlen (vgl. *die computerzeitung* v. 4. Mai 1977, Seite 13).

Die inzwischen hohen Installationszahlen ermöglichten den Einsatz moderner Produktionsverfahren; es vollzog sich ein Übergang von mechanisierten zu automatisierten Produktionsmethoden (u. a. steuern und kontrollieren Computer die Produktion von Computern). So war es möglich, bei der Herstellung von EDV-Systemen von der Einzel- und Kleinserienfertigung zur Großserienfertigung mit allen Kostenvorteilen überzugehen. Insbesondere kam es zu einer hochgradigen Spezialisierung der Produktion von Computer-Bestandteilen; so stellt beispielsweise jede Produktionsstätte von IBM nur wenige Teile des Vertriebsspektrums von EDV-Systemen her, um dann mit diesen Teilen weltweit das multinationale Unternehmen IBM zu beliefern. Das führte zwangsläufig zu Massenproduktionsvorteilen und schaffte wiederum die Grundlagen zur schnellen Weiterentwicklung der Produktionstechnologien selbst.

Welchen quantitativen Einfluß auf die Zahl der Arbeitsplätze hatte die Computerausbreitung in den 60er Jahren? Für die BRD zeigt die Tabelle insbesondere seit 1964 ein sowohl relativ als auch absolut starkes Ansteigen der Computerinstallationen. Aussagen über EDV-Rationalisierungseffekte für die westdeutsche Entwicklung enthalten Fallstudien, die Ende der 60er Jahre als Beitrag zur »3. internationalen Arbeitstagung der Industriegewerkschaft Metall für die Bundesrepublik Deutschland über Rationalisierung, Automatisierung und technischen Fortschritt« (Friederichs 1971) durchgeführt wurden. Diese Untersuchungen können natürlich nicht den Anspruch erheben, als statistisch repräsentativ zu gelten. Die Fallstudien bezogen sich auf verschiedene Branchen, Betriebsgrößenklassen und betriebliche Funktionsbereiche. Die Ergebnisse der Fallstudien zeigen, daß die Rationalisierungswirkungen der EDV-Umstellungen in den untersuchten Bereichen sehr unterschiedlich waren. Die Einsparungen an Arbeitsplätzen bewegen sich zwischen 13 % (Auftragsbearbeitung, Mittelbetrieb) und 57 % (Lohnbuchhaltung, Großbetrieb). Daraus lassen sich zumindest zwei Feststellungen ableiten: einerseits sind die Rationalisierungswirkungen sehr stark vom zugrundeliegenden Datenverarbeitungskomplex abhängig, und andererseits hat das spezifische Organisationsgefüge des Unternehmens einen relevanten Einfluß. Die Fallstudie der Lohnbuchhaltung bestätigt in der Tendenz das oben diskutierte Beispiel der Lohnabrechnung. Damit wird auch klar, daß die besonders hohen Personaleinsparungen bei automatisierten Verfahren der Lohn- und Gehaltsabrechnung der Anlaß dafür sind, daß bei EDV-Einführung in einem Unternehmen sehr oft auf diesem Arbeitsgebiet begonnen wird.

Weiterhin vermitteln die zusammengefaßten Ergebnisse der 10 Fallstudien ein Bild über den Verbleib der durch den EDV-Einsatz wegrationalisierten Angestellten: 50 % dieser Beschäftigten mußten den Betrieb verlassen, die anderen 50 % wurden innerbetrieblich umgesetzt. Wie haben sich diese Arbeitsplatzverluste nun im überbetrieblichen Kontext vollzogen? Die 60er Jahre waren durch ein starkes Wachstum im Bereich der Warenproduktion sowie der gesamten Volkswirtschaft mit durchschnittlichen jährlichen Zuwachsraten von über 5 % gekennzeichnet. Diese Entwicklung wurde mit Hilfe starker Produktivitätssteigerungen erzielt. Die Produktivitätsfortschritte basierten auf hohen Investitionsquoten der Unternehmen, die den technischen Wandel - insbesondere im Bereich der Fertigungsverfahren - stark forcierten, so daß erhebliche Rationalisierungen in der Produktion die Folge waren. Ein hohes Umsatzwachstum der Unternehmen und eine starke Konzentrationsbewegung (verbunden mit einer erheblichen Ausbreitung der konzerninternen Informationsströme) ließ dagegen im Bereich von Verwaltungstätigkeiten (Vertrieb, Kostenrechnung, Disposition usw.) die Angestelltenzahl expandieren. Sowohl das hohe durchschnittliche Wirtschaftswachstum als auch der Beschäftigungsstrukturwandel zugunsten der Angestelltenarbeitsplätze trugen dazu bei, daß die EDV-Rationalisierungsmaßnahmen auf dem Arbeitsmarkt nicht durch eine hohe Angestelltenarbeitslosigkeit sichtbar wurden. Wegrationalisierte Angestelltenarbeitsplätze konnten durch neugeschaffene kompensiert werden.

Hinzu kam, daß sich in den 60er Jahren der EDV-Einsatz einerseits auf Großbetriebe und wenige Mittelbetriebe beschränkte und sich andererseits die Automatisierung der betrieblichen Datenverarbeitungsprozesse in mehreren Schritten über längere Zeiträume erstreckte.

... und zum zweiten Mal die Fabrik

In der industriellen Produktion lassen sich - nach der Art der erzeugten Produkte - im wesentlichen drei Arten von Prozessen unterscheiden: die Energieerzeugung und -verteilung, die Erzeugung amorpher Stoffe und die Erzeugung von Stückgütern. In den ersten beiden Fällen spricht man von energie- oder verfahrenstechnischen, im letzteren von fertigungstechnischen Produktionsprozessen. Typische Beispiele für einen energietechnischen Prozeß sind die Erzeugung elektrischer Energie in einem Kraftwerk oder deren Verteilung durch ein Netzwerk; für einen verfahrenstechnischen Prozeß der Abbau von Kohle in einem Bergwerk, die Roheisenerzeugung im Hochofen oder die Raffinierung von Erdöl; für einen Fertigungsprozeß die Herstellung von Kraftfahrzeugen (Fließfertigung), von Werkzeugmaschinen (Werkstattfertigung) oder von Schiffen (Baustellenfertigung).

Diese Unterscheidungen erweisen sich gerade im Hinblick auf die Art und die Organisation der für den Produktionsprozeß notwendigen Arbeit als wichtig. Bei energie- und verfahrenstechnischen Prozessen, die in meist geschlossenen oder untereinander verbundenen Behältern (Turbinen, Wärmetauscher, Öfen, Reaktoren, Mühlen etc.) ablaufen, handelt es sich bei der erforderlichen menschlichen Arbeit im wesentlichen nur um überwachende und steuernde Eingriffe von außen. Eine direkte Veränderung durch den Menschen gibt es dabei meist nicht. Das bedeutet, daß diese Produktionsprozesse in ihrer industriellen Form im wesentlichen menschliche Kopfarbeit erforderten. Dagegen bedarf es bei Fertigungsprozessen unter Einsatz von Maschinen einer Vielzahl von koordinierter Handarbeit an einzelnen, örtlich getrennten Arbeitsplätzen.

Prozeßdatenverarbeitung

Die Prozesse der Energie- und Stoffumwandlung bedurften, um einen gewünschten Prozeßablauf zu gewährleisten, besonderer Einrichtungen für die Anzeige von Größen des Prozesses (z. B. Druck, Temperatur) nach außen sowie für den Eingriff von außen in den Prozeß (z. B. Veränderung des Durchflusses). Meist sind dabei eine Vielzahl von Größen zugleich zu erfassen und zu steuern, was entsprechend viele Arbeitskräfte erfordert. Um Personal einzusparen, versuchte man, diese Steuerungsvorgänge zu automatisieren. Die erste Stufe der Automatisierung ist durch eine Vielzahl nebeneinander betriebener Regelungen von Teilprozessen oder einzelner Prozeßgrößen geprägt, die entsprechend der Größe der Anlage räumlich verteilt sind. Zur Überwachung und Koordinierung dieser Regelvorgänge sind immer noch verhältnismäßig viele, den Gesamtprozeß überblickende Arbeitskräfte mit entsprechend hoher Qualifikation erforderlich.

Die vier industriellen Imperative - schneller, besser, billiger und unabhängiger - führten auch in der Verfahrenstechnik zu leistungsfähigeren, daher größeren Anlagen mit wesentlich mehr zu regelnden Größen. Dabei erhöhte sich der Aufwand für Überwachung, Koordination und Dokumentation. Das Beispiel der Verkehrsregelung in einer Großstadt mag dies veranschaulichen: Bei einigen wenigen Kreuzungen mit Ampeln genügt eine je Kreuzung unabhängige Steuerung der Ampelphase; schon bei einer Grünen Welle ist die Koordination sämtlicher Ampeln des Straßenzuges notwendig. Falls sich nun verschiedene Verkehrsströme netzartig kreuzen und verzweigen, müssen für einen zügigen Verkehrsablauf die jeweiligen Verkehrsdichten erfaßt und in Abhängigkeit davon die einzelnen Verkehrsströme durch Ampeln beeinflußt werden, die nun über eine zentrale Leiteinrichtung zu steuern sind. Die Entwicklung

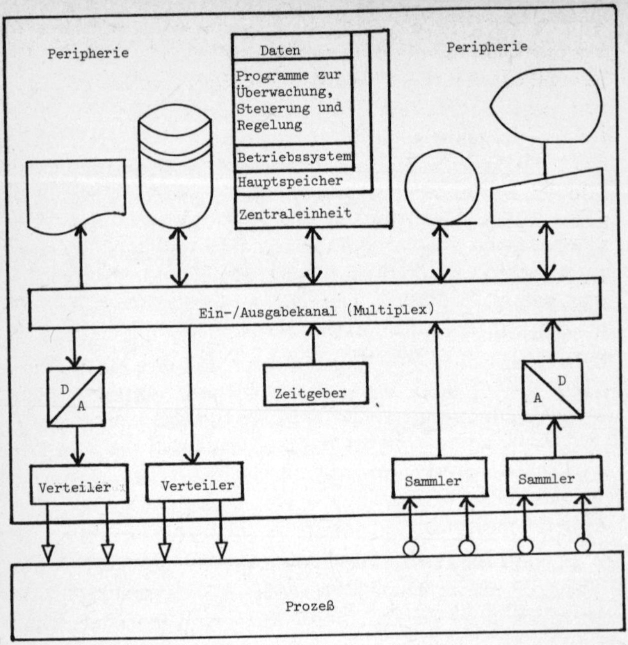

Prozeßrechnersystem zur Leitung eines verfahrenstechnischen Prozesses

hin zu großtechnischen Verfahrensabläufen zwang die Unternehmen nun zu entscheidenden Rationalisierungs- und Automatisierungsmaßnahmen, durch die zunächst die dabei erforderliche lebendige Arbeit horizontal und vertikal geteilt und durch rigide Betriebsvorschriften vereinheitlicht wurde. Da es sich jetzt um wohlstrukturierte Informationsverarbeitung handelte, lag es nahe, verschiedene Informationsverarbeitungsprozesse zu automatisieren. In der Tat wurden bei vielen nicht allzu schnell ablaufenden Prozessen als Zwischenstufe herkömmliche Computersysteme dafür eingesetzt.

Diese Lösung weist jedoch noch entscheidende Schwächen auf: Zunächst müssen die vielen, meist analog angezeigten Prozeßgrößen in bestimmter Reihenfolge und digitaler Form aufgezeichnet und auf Lochkarten kodiert werden. Anhand dieser Daten berechnet dann der Computer Anweisungen zur Prozeßbeeinflussung, die wieder von Hand in entsprechende Geräte eingegeben werden müssen. Um diese Mängel zu beseitigen, wurden für die Prozeßautomatisierung eigens angepaßte EDV-Systeme geschaffen, die insbesondere folgende Eigenschaften aufweisen: Einerseits muß das EDV-System mit dem Prozeß jederzeit kommunizieren können, und andererseits muß es über besondere Einrichtungen zur Ein- und Ausgabe vieler Prozeßgrößen verfügen. EDV-Systeme dieser Art werden Prozeßrechner genannt. Die verschiedenen zu regelnden Größen (z. B. Temperatur, Druck, Durchfluß) werden durch Meßglieder, die vom Prozeßrechner periodisch abgefragt werden, aufgenommen. Diese meist analogen Werte müssen für ihre Bearbeitung durch den Computer mit Hilfe von sog. Analog-Digital-Wandlern in digitale Größen umgewandelt werden. Die Eingabesignale werden in der Zentraleinheit aufgrund der Programme zur Überwachung, Steuerung, Regelung und Optimierung des Prozesses verarbeitet. Die Ergebnisse sind digitale Stellbefehle, die auf die entsprechenden Stellglieder (z. B. Motoren, Stellventile, Alarmgeber) einwirken.

Für die anwendenden Unternehmen waren Rationalisierungslücken im Produktionsbereich nun zunächst einmal geschlossen. Dagegen entstanden infolge der stark anwachsenden Verwendung von Computern bei den Prozeßrechnerherstellern neue Lücken. Zum einen mußte der Systembetrieb vereinfacht sowie sicherer und schneller gestaltet werden. Zum anderen wurden bislang alle Programme in einer sehr maschinennahen Sprache geschrieben. Dabei sind die Nachteile großer Zeitaufwand, hohe Fehlerhäufigkeit, fehlende Übertragbarkeit und mangelnde Dokumentation. Ein entscheidender Schritt zur Beseitigung des Engpasses wurde mit der Entwicklung der problemorientierten Programmiersprache PEARL getan, deren Entwicklung ihrer großen Bedeutung wegen staatlich gefördert wurde.

Die Entwicklung spezifischer problemorientierter Programmiersprachen für die Prozeßdatenverarbeitung führt bei der Anwendung zu ähnlichen Ergebnissen wie der Einsatz von COBOL im Bereich der kommerziellen Datenverarbeitung: Einerseits wird die Durchlaufzeit für die Programmerstellung reduziert, andererseits werden Programme zuverlässiger und leichter änderbar. So ergaben Untersuchungen über den Einsatz von PEARL Zeitersparnisse von 20 bis 60 % beim Entwurf, 60 bis 75 % bei der Codierung und 40 bis 50 % beim Test der Programme (Lauber, Martin). Eine weitreichende Anwendung fanden die problemorientierten Programmiersprachen in der Prozeßdatenverarbeitung allerdings erst in den 70er Jahren.

Automatisierung der Fertigung

Fertigungsprozesse zur Herstellung von Stückgütern haben dagegen weit komplexere Strukturen mit vielfältigen Verflechtungen von Material- und Informationsflüssen. Während in der Konstruktion die geometrische Gestalt der Stückgüter und ihrer sämtlichen Einzelteile im Detail festzulegen ist, hat die Fertigungsplanung die Aufgabe, die technologischen Verfahren mit vielen Einzelangaben zu erstellen. In der Fertigungssteuerung wird dann die zeitliche Reihenfolge geplant, in der die einzelnen Arbeitsvorgänge der Fertigung der Einzelteile, Baugruppen und Produkte erfolgen sollen. Dabei ist meist nach jedem Arbeitsgang eine Zwischenlagerung erforderlich. Während die Bearbeitung der Teile durch den Einsatz von Werkzeugmaschinen weitgehend mechanisiert ist, fällt bei Handhabung, Transport und Montage noch viel Handarbeit an. Infolge der Trennung von Planung und Ausführung ist die Kopfarbeit vom Produktionsprozeß nahezu vollständig abgetrennt und in Konstruktion und Fertigungsvorbereitung konzentriert. Die Kopfarbeit selbst ist darüber hinaus stark arbeitsteilig organisiert und in einzelne routinemäßig zu erledigende Arbeitsschritte zerlegt, so daß in mehreren Teilbereichen der Einsatz von Computern möglich ist.

Als Ende der 40er Jahre in den USA die Nachkriegsrüstung forciert wurde, stellten sich vor allem im Flugzeugbau besondere Probleme ein, die aus der verkürzten Lebensdauer der Rüstungsgüter und deren stark gewachsenen Anforderungen an aerodynamische Eigenschaften sowie an die Festigkeit hochbelasteter Teile herrührten. Dabei mußten äußerst komplizierte räumlich gekrümmte Flächen produziert werden, die sich mit herkömmlichen Kopierfräsmaschinen unter Abtastung eines Modells nur sehr zeitraubend und kostenaufwendig hätten produzieren lassen. Zur Einsparung von Herstellungszeit und um von den handwerklichen Fähigkeiten der Arbeiter unabhängig zu werden, wurde daher eine Steuerung der Bewegungsabläufe von Fräsmaschinen entwickelt. Diese Steuerung erlaubte es, die erforderlichen Daten (geometrische und Schaltinformationen) in numerischer Form auf einem Lochstreifen einzugeben. (Den vor 150 Jahren entwickelten Jacquard-Webstuhl kann man übrigens als eine Variante dazu ansehen.) Die Programmierung dieser Steuerung war allerdings ein zeitaufwendiger Kopfarbeitsprozeß. Man versuchte, ihn wie in der kommerziellen Datenverarbeitung und in der Prozeßdatenverarbeitung zu rationalisieren. Eigens dazu wurde die problemorientierte Programmiersprache APT entwickelt, mit deren Hilfe die beliebige geometrische Form der Werkstücke beschrieben und daraus die Bewegungsabläufe der Maschine automatisch berechnet werden konnten. Das ganze Vorhaben wurde von einigen Rüstungsfirmen in Zusammenarbeit mit dem MIT (Massachusetts Institute of Technology) durchgeführt und von der US-Airforce finanziert (Noble). So speziell auf den Flugzeugbau zugeschnitten diese Fertigungsmethode der numerischen Steuerung (Numeric Control) zunächst erscheinen mochte, so weitreichende Folgen sollte sie für den ganzen Bereich der Mittel- und Kleinserienfertigung der Investitionsgüterindustrie zeitigen. Konnten bisher Fertigungsprozesse nur mit starren mechanischen oder elektromechanischen Mitteln (Getriebe, Kurvenscheiben, Schalter etc.) automatisiert werden, was sich nur bei Großserien (Automobile, Hausgeräte, Radios etc.) lohnt, so brachte die NC (= Numeric Control)-Maschine den Einstieg zur Automatisierung der Mittel- und Kleinserienfertigung.

In der Bundesrepublik wurden die ersten NC-Maschinen ab Mitte der 60er Jahre verwandt. Heute sind es knapp 12 000 – bei einem jährlichen Zuwachs von etwa 1000. Mit dem Einsatz dieser Maschinen ändert sich die Arbeitsstruktur in der Fertigung erheblich: Gemäß Taylors Grundsätzen wird auch hier eine strikte Trennung von Planung und Ausführung vollzogen. Hatte bis dahin der Maschinenbediener, in der Regel ein Facharbeiter oder qualifiziert Angelernter, aufgrund von Zeichnung und Arbeitsplan sowie seiner

Erfahrung die notwendigen Eingriffe zur Steuerung der Werkzeugmaschine (Drehzahl, Vorschub, Schnittiefe) vorgenommen, so werden diese Entscheidungen jetzt in der Arbeitsvorbereitung getroffen. Sein produktives Wissen tritt dem Maschinenbediener damit im Lochstreifen vergegenständlicht gegenüber, die Kontrolle über die Arbeit ist ihm weitgehend entzogen. Verbleibende Tätigkeiten sind das Auf- und Abspannen der Werkstücke, die Überwachung des Maschinenlaufs und die Prüfung der Zusammengehörigkeit von Lochstreifen, Werkstücken, Spannmitteln und Werkzeugen. Verfahrensbezogene Qualifikationsanforderungen verringern sich zugunsten abstrakter Zuverlässigkeitseigenschaften. Da ein Großteil der Arbeit aus passiven Wartezeiten besteht, ergeben sich psychische Belastungen infolge von Unterforderung (vgl. Brödner/Hamke; Braverman; Noble).

Im Zusammenhang der Entwicklung der Programmiersprache APT wurden auch die Möglichkeiten diskutiert, die im Bereich der Konstruktion auftretenden vielfältigen Kopfarbeitsprozesse partiell zu automatisieren:

- Angesichts der Notwendigkeit, häufig neue Produkte und Varianten anbieten zu müssen, ist eine Verringerung des Aufwands an Zeit und Arbeitskraft für die Konstruktion geboten.
- In der Einzel- und Kleinserienfertigung beansprucht die Konstruktion und Arbeitsvorbereitung etwa 50 bis 70 % der Durchlaufzeit eines Auftrags.
- Nur die wenigsten Angebote (ca. 10 %) lassen sich in Aufträge verwandeln. Durch die Vielfalt und Breite der Angebote entstehen in vielen Fällen Engpässe.
- In der Konstruktion entsteht zwar nur ein kleiner Teil der Kosten, dafür liegt hier die Verantwortung für die Festlegung des größten Teils der Fertigungskosten. Eine analytische Durchdringung und Objektivierung des Konstruktionsprozesses tut not und verspricht zudem einen gewissen Schutz gegen die Abwanderung von Wissen. Vor allem das technische Zeichnen und das Detaillieren von Entwürfen stellten sich als Engpässe im Konstruktionsbereich heraus, zumal es in den 60er Jahren ein gewisses Unterangebot an Zeichnern und Technikern gab.

Qualitätssteigerung, kostengünstigere Fertigung, Erhöhung der Flexibilität, Verkürzung der Durchlaufzeit und Arbeitskräftemangel waren denn auch die wesentlichen Gründe für die Einführung des rechnergestützten Konstruierens (Computer Aided Design). Methoden und Verfahren des rechnergestützten Konstruierens haben bei folgenden Tätigkeiten angesetzt: beim Zeichnen, bei der Informationsverwaltung, der Berechnung der Variantenkonstruktion und der Stücklistenerstellung (Bechmann, Spur).

Die Zuhilfenahme eines Computers zur Automatisierung dieser Vorgänge setzt allerdings eine genaue analytische Durchdringung des Konstruktionsprozesses, die Zerlegung der Konstruktionsarbeit in einzelne Tätigkeiten und Teilaufgaben voraus. In der Regel lassen sich erst auf der Grundlage einer stark arbeitsteilig organisierten und formalisierten Gesamtarbeit die für den Rechnereinsatz notwendigen Konstruktionsalgorithmen finden. Computer Aided Design (CAD) entpuppt sich hier ebenfalls als das Trojanische Pferd der Herren Babbage und Taylor zur Beherrschung und Kontrolle von Kopfarbeit durch Automatisierung. Nicht zufällig eignen sich das Zeichnen von elektrischen Schaltplänen oder Rohrleitungsplänen besonders für die CAD-Anwendung, da hier schon von vornherein durch die weitgehende Verwendung symbolischer Modelle günstige Voraussetzungen für die notwendige Formalisierung gegeben sind. Der Aufbau eines CAD-Systems umfaßt im allgemeinen zunächst ein Software-System, mit dem zwei- oder dreidimensional beschriebene Werkstücke in den Computer eingegeben, dort in rechnerinterne Werkstücke umgesetzt und gespeichert werden können. In der Regel können diese internen Modelle in direkter Interaktion an einem Bildschirm verändert werden. Ferner stehen verschiedene Programmpakete zur Durchführung von Rechnungen (z. B. Festigkeit, dynamisches Verhalten), zum Zeichnen oder zur Ausgabe von NC-Steuerprogrammen zur Verfügung (Spur). Wenn auch im allgemeinen in der zweiten Entwicklungsstufe der EDV nur Teilaufgaben gelöst werden konnten, so gab es doch schon vielfältige Anwendungen für die Realisierung relativ geschlossener Systeme im Flugzeugbau, beim Entwurf elektronischer Schaltkreise, dem Automobil- und Schiffbau (Cooley 1978).

Von einer gewissen Entwicklungsstufe an bedarf es zunehmend staatlicher Interventionen, um die Grundlagen der Kapitalreproduktionen sicherzustellen - denn einige dazu notwendige Funktionen werden von Einzelkapitalen nicht bereitgestellt, sei es, weil sie keinen Warencharakter haben (Infrastruktur, Bildung, Wissenschaft), sei es, weil sie die Finanzierungsmöglichkeiten von Einzalkapitalen überschreiten. Insbesondere für die Aufrechterhaltung der allgemeinen Produktionsvoraussetzungen (innere und äußere Sicherheit, Krisenbewältigung, Umweltschutz etc.) muß der Staat aufkommen, für deren Erfüllung er wachsende finanzielle Mittel benötigt. Da ein Abzug von Steuern die Verwertungsbedingungen beeinträchtigt und eine andauernde Finanzierung über Geldschöpfung eine inflationär bedingte Krise (auch der Staatsfinanzen) heraufbeschwört, bleibt als Ausweg nur, die öffentlichen Leistungen auf das für die Systemerhaltung notwendige Maß zu reduzieren und eine Rationalisierung in der Bereitstellung öffentlicher Leistungen durchzusetzen.

Im staatlichen Bereich lassen sich drei Schwerpunkte der Computer-Anwendung ausmachen: Militär, Wissenschaft und öffentliche Verwaltung. Nachdem bis in die 50er Jahre hinein der Computereinsatz fast ausschließlich militärisch bestimmt war, kamen später wissenschaftliche Anwendungen hinzu. Einige Zweige der angewandten Wissenschaften haben sich mit der Nutzung von Computersystemen als Hilfsmittel überhaupt erst richtig entfalten können - beispielsweise die numerische Mathematik, die mathematischen Optimierungsverfahren und der Matrizenkalkül. Viele dieser Methoden haben gleich auf mehreren Gebieten wesentlich zur Lösung bedeutender praktischer Probleme der technischen Mechanik, der Regelungstechnik oder der Unternehmensforschung beigetragen. Computer sind aber für die Wissenschaft nicht nur Instrument zur Durchführung umfangreicher und komplexer Berechnungen, sondern vor allem auch selbst zum Gegenstand wissenschaftlicher Untersuchungen geworden. Im Laufe der 60er Jahre, als die

Entwicklung, Herstellung und Anwendung von Computern in der zweiten Entwicklungsstufe der EDV den großen Aufschwung nahm, hat sich die Informatik, die die Untersuchung der verschiedenen Komponenten von Computersystemen und deren Entwicklung zum Gegenstand hat, als eigenständiger Wissenschaftszweig herausgebildet.

Im militärischen Bereich wurde in den 50er und 60er Jahren vor allem in den USA der Computereinsatz weiter intensiviert und forciert. Dabei spielten Anwendungen auf den Gebieten der Luftabwehr, der Raketentechnik und der Raumfahrt - alles Bereiche mit äußerst rechenintensiver Informationsverarbeitung - eine herausragende Rolle. So wurden beispielsweise die ›Integrierten Schaltkreise‹, lange bevor sie von IBM für kommerzielle Computersysteme genutzt wurden, Ende der 50er Jahre in den USA durch staatlich finanzierte Forschungsprogramme für militärische Zwecke entwickelt und zu Beginn der 60er Jahre zuerst in amerikanischen Interkontinentalraketen eingesetzt.

In die öffentliche Verwaltung sind EDV-Systeme in größerer Zahl erst in den 60er Jahren eingedrungen, in Europa etwa fünf Jahre später als in den USA. Der erste Einsatz eines Computers in der öffentlichen Verwaltung der BRD – bei der Bundesversicherungsanstalt für Angestellte im Jahre 1956 – blieb bis weit in die 60er Jahre hinein die Ausnahme, wenn auch vereinzelt, beispielsweise im Bereich der amtlichen Statistik, weitere Computersysteme hinzu kamen. Im öffentlichen Dienstleistungsbereich standen bei der EDV-Anwendung von vornherein Rationalisierungsabsichten im Vordergrund. Computer wurden im sog. Verwaltungsvollzug eingesetzt, wobei analog zur Privatwirtschaft die Massendatenverarbeitung mit Routinecharakter betroffen war. Typisch für die Automationsverfahren war die auf Leistungen bzw. Forderungen von Geld gerichtete Verwaltungstätigkeit: Rentenberechnung, Steuer-, Bußgeldbescheide, Wohngeld, Ausbildungsförderung, Lohn- und Gehaltszahlungen für die im öffentlichen Dienst Beschäftigten. Diese Informationsverarbeitung hat große Ähnlichkeit mit der oben beschriebenen kommerziellen Datenverarbeitung. Insofern gilt das dort Gesagte auch für viele Automationsverfahren im öffentlichen Dienst. Den

Durchbruch erreichte die Computeranwendung der öffentlichen Verwaltung erst in den 70er Jahren. Weite Bereiche der ausführenden und planenden Verwaltung wurden dann in großem Maßstab automatisiert, dabei gewannen Lösungen mit integrierten Datenbanken die Oberhand.

Eine Rückständigkeit der deutschen Industrie auf dem Gebiet der Computerentwicklung gegenüber der US-Konkurrenz, insbesondere gegenüber dem Marktgiganten IBM, führte wie in anderen westeuropäischen Industriestaaten auch in der BRD zu einer breitangelegten staatlichen Förderung der EDV. Erst die umfangreiche öffentliche Diskussion über die bestehende »technologische Lücke« zwischen der europäischen und der amerikanischen Industrie rückte den Computer ins Kalkül der Politiker. Förderungsmaßnahmen, die in ihrem Umfang nur den Kernenergie- und Weltraumprogrammen vergleichbar waren, zielten dann auch ausdrücklich auf

- die »stärkere und weitere Anwendung der DV in Wirtschaft und Wissenschaft als Instrument der Rationalisierung und Leistungssteigerung ...«,
- die »Rationalisierung und Leistungssteigerung der von der öffentlichen Hand zu erbringenden Dienstleistungen ...«,
- die »Beherrschung der DV als einer der bedeutsamen Schlüsseltechnologien« und
- die »Schaffung ausgewogener Wettbewerbsverhältnisse auf dem stark expandierenden DV-Markt ...« ab (vgl. Matthöfer, S. 11).

Die Förderung wurde in Form mehrerer zeitlich gestaffelter sog. »Datenverarbeitungsprogramme« abgewickelt (vgl. Tabelle). Dabei lag der Schwerpunkt des ersten DV-Programms eindeutig auf der industriellen Forschung und Entwicklung, während das zweite zusammen mit den Aufwendungen der Länder vor allem die Einrichtung der wissenschaftlichen Forschung und Ausbildung (Informatik) an den Hochschulen bezweckte. Das dritte DV-Programm hat seinen Schwerpunkt in der Erschließung der Anwendungsbereiche der Datenverarbeitung, beispielsweise der Dokumentation, der pädagogischen und medizinischen sowie vor allem der Entwurfs- und Prozeßdatenverarbeitung. (Der Aufbau von Ausbildungskapazitäten war durch das 2.

DV-Programm verwirklicht worden, so daß diese Förderung seit Mitte der 70er Jahre abgebaut wurde. Die Reduzierung der staatlichen Zuschüsse für industrielle EDV-Entwicklung resultiert aus einer Verlagerung der Förderung von aufwendigen Großcomputersystemen auf kleinere EDV-Anlagen.)

Staatliche EDV-Förderung in der BRD (Quelle: Bundesministerium für Forschung und Technologie)

Förderungsmaßnahmen	1. DV-Programm 1967–1970	2. DV-Programm 1971–1975	3. DV-Programm 1976–1979
		in Mio. DM	
Maßnahmen im Hochschulbereich	43	758	264 (Hochschulbereich und Berufsbildung zusammen)
Berufsbildung	4	162	
DV-Anwendung	57	558	562
Industrielle Forschung u. Entwicklung	275	705	554
Sonderprogramm, GMD	42	240	195
Insgesamt	361	2 423	1 575

Informationssysteme. Die Minimalisierung des Menschen

In den 70er Jahren erweitert sich der EDV-Einsatz kontinuierlich um Bereiche, in denen nicht einfache Abrechnungssysteme für Buchhaltung, Lagerwesen, Lohnabrechnung, Gebühreneinzug usw., sondern jetzt auch entscheidungsorientierte Steuerungs- und Planungsprozesse automatisiert werden. Computer werden in der 3. Entwicklungsstufe der EDV zum wesentlichen Bestandteil von integrierten Informationssystemen. Die technologische Entwicklung und Anwendung bestimmt daher sehr stark Informations- und Organisationsstrukturen. Es entstehen beispielsweise einerseits computerorientierte Personalinformationssysteme, Fertigungssteuerungssysteme, Unternehmensplanungssysteme im privatwirtschaftlichen Bereich und andererseits beim Staat Polizeiinformationssysteme im Bundes- und Länderbereich, statistische Informationssysteme, Einwohnerdatenbanken.

Die Ausweitung der Automatisierung der Kopfarbeit mit Hilfe der EDV auf komplizierte Informationsverarbeitungsprozesse hat die Einbeziehung von Methoden und Instrumenten verschiedener Planungs-, Leitungs- und Herrschaftstechniken (Unternehmensforschung, Systemanalyse, Ökonometrie, Simulation, Organisationslehre, Human Relations u. a.) zur Voraussetzung. Dabei entwickelt sich der Computer immer mehr vom reinen Arbeitsmittel zum flexiblen Organisationsinstrument. Der amerikanische Informatiker Weizenbaum hat diesen Entwicklungssprung treffend charakterisiert: »Der entscheidende Übergang vom kommerziell genutzten Computer als bloßes Substitut für das Arbeitspferd Tabelliermaschine zu seinem heutigen Status als vielseitiges Gerät der Informationsverarbeitung begann, als die Fähigkeiten des Computers auf dem bereits erstellten Bezugsrahmen der Unternehmensforschung und Systemanalyse projiziert wurden« (Weizenbaum, S. 57). Damit übt der Computer immer stärker neben administrativen auch dispositive Funktionen aus. Daneben erschließt ein enormer Preisverfall für Computerhardware die EDV jetzt auch auf breiter Linie für Klein- und Mittelbetriebe.

Die technische Entwicklung der EDV ist nun besonders durch zweierlei gekennzeichnet: einerseits durch die Miniaturisierung der integrierten Schaltungen in den verschiedenen Elementen der EDV-Systeme und andererseits durch die Entwicklung von Datenfernverarbeitungstechniken, mit deren Hilfe Daten örtlich dezentral mit sog. Datenstationen ein- und ausgegeben, über beliebige Entfernungen übertragen und zentral durch ein Computersystem verarbeitet werden können. Dieser technische Wandel hat den EDV-Einsatz wiederum wesentlich verändert.

Die Mikroelektronik, die Anfang der 60er Jahre durch die Integration weniger Transistoren auf einem Siliziumplättchen ihren Ausgang nahm, ermöglichte Ende der 70er Jahre die Herstellung integrierter Schaltungen mit mehreren zehntausend Transistoren auf einem wenige Quadratmillimeter großen ›Chip‹. Das hatte einen Preisrückgang um 1000 % sowie eine 5000fache Miniaturisierung in den Jahren 1964–79 zur Folge. Die Mikroelektronik wird dadurch zur Schlüsseltechnologie für die gesamte automatische Datenverarbeitung. Unternehmen sind nun in der Lage, äußerst kostengünstig Kleincomputer – sog. Mikroprozessoren bzw. Mikrocomputer – für eine sehr breite Palette von Anwendungen im Produktions- und Verwaltungsbereich einzusetzen.

Im Produktionsbereich werden zunehmend für Steuer- und Regeleinrichtungen jeglicher Art Mikroprozessoren verwandt. Durch die Verwendung von mikroelektronischen Schaltungen geschieht ein folgenreicher Übergang von der Mechanik zur Elektronik: einerseits wird die industrielle Produktionsstruktur verschiedener Wirtschaftszweige verändert und andererseits werden Berufsqualifikationen entwertet. Die Anwendung von Mikroprozessoren und Mikrocomputern in EDV-orientierten Informationssystemen läßt zwei Trends erkennen: einerseits eine partielle Dezentralisierung von EDV-Leistung am Arbeitsplatz und andererseits eine wachsende Integration zwischen Computer- und Nachrichtentechnik. Dabei werden Bildschirmterminals immer wichtiger. Die Tätigkeit an Bildschirmgeräten hat in den 70er Jahren weite Bereiche des Arbeitslebens durchdrungen. Einerseits bestimmen sie zunehmend den Arbeitsablauf bei Banken und Versicherungen, in Reisebüros und Zeitungsredaktionen sowie im Handel und öffentlichen Dienst und andererseits kennzeichnen sie die Arbeitsorganisation der Datenverarbeitung in den Industrieverwaltungen. Darüber hinaus findet man sie bei vielen Arbeitsplätzen als zentrales Element der Steuerung und Regelung von Produktionsprozessen.

Worum geht es beim Einsatz von Bildschirmterminals? Mit Bildschirmen, die mit einem zentralen Computersystem über Datenfernübertragung verbunden sind, schafft man EDV-Kapazität direkt an die Arbeitsplätze. Die Automatisierung der Informationsverarbeitung kann damit für unterschiedliche Tätigkeiten in einem zentral gesteuerten EDV-System integriert durchgeführt werden. Dabei ist der Bildschirm als Datenstation besonders gut geeignet, direkt am Arbeitsplatz Daten im Dialog ein- und auszugeben, Korrekturen auszuführen und Informationen abzurufen. Daneben werden sog. »intelligente« Datenstationen immer häufiger für die Dialogverarbeitung in integrierten Informationssystemen benutzt. Diese Geräte sind durch eingebaute Mikroprozessoren programmierbar und können beispielsweise die Vorverarbeitung von Daten (Plausibilitäts-, Vollständigkeits- und Gültigkeitsprüfungen u. a.) übernehmen, bevor die aufbereiteten Daten im zentralen Computer weiterverarbeitet werden.

Die Mikroelektronik beeinflußt die Gestaltung von computerorientierten Informationssystemen auch darin, daß sie mehr und mehr die Organisationsform ›verteilter‹ EDV-Systeme vorantreibt. Die Computerleistung wird dabei auf verschiedene Computerkapazitäten verteilt (Computerverbundsysteme). Schlagwörter für diesen Trend sind »distributed processing« und »verteilte Intelligenz«. Aus dieser Entwicklungslinie der EDV-Organisation darf aber keinesfalls geschlossen werden, daß eine generelle Dezentralisierung der Datenverarbeitungsprozesse stattfindet; es werden nur die Teilfunktionen dezentral verarbeitet, die vor Ort mit kleiner EDV-Kapazität zur Entlastung des zentralen Computers kostengünstiger bearbeitet werden können.

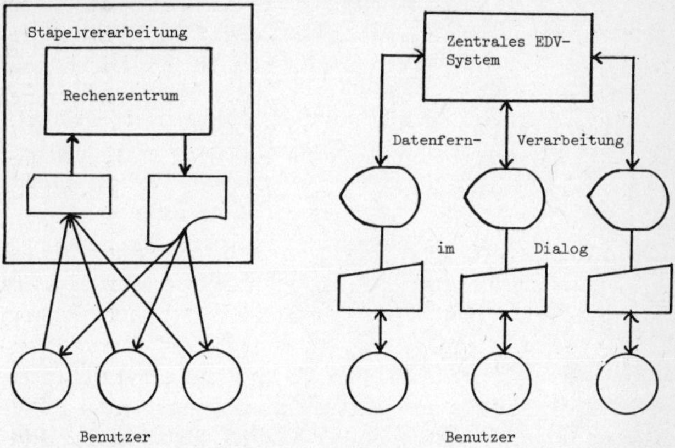

Veränderung der EDV-Organisation beim Übergang von der zweiten zur dritten Entwicklungsstufe der elektronischen Datenverarbeitung

Macht durch ›Dezentralisierung‹

In der dritten Entwicklungsstufe vollzog sich, wie oben schon angedeutet, auch ein qualitativer Sprung in der Anwendung des Computers im Bereich kommerzieller Datenverarbeitung. Vom Automaten zur Erledigung von Massenberechnungsprozessen entwickelte sich die EDV mehr und mehr zum Träger von Informations- und Organisationsstrukturen.

Mit der Erweiterung des Anwendungsspektrums der EDV auf Steuerungs-, Kontroll- und Planungsprozesse wirkt sie verstärkt auf die Ablauf- und Aufbauorganisation der Unternehmen ein. Dabei werden Organisationsstrukturen durch Systematisierung, Standardisierung und Normierung von Informationsflüssen und integrierter Datenverarbeitung bestimmt.

Um den starken Einfluß der EDV auf die Organisationsstruktur eines Unternehmens deutlich zu machen und zu zeigen, bei welchen Tätigkeiten der Computer bereits am Arbeitsplatz integriert sein kann, soll IBM selbst zu Wort kommen: In der Anzeige »Ein ganz normaler Arbeitstag« - millionenfach in der Zeitschrift *stern* verbreitet - wird bei einem Unternehmen mit computerorientiertem Informationssystem beispielhaft in 18 betrieblichen Funktionsbereichen die arbeitsplatzbezogene Anwendung des Computers vorgestellt. Genannt werden: Unternehmensplanung, Konstruktion, Produktionsplanung, Kalkulation, Einkauf, Fertigungssteuerung, Fertigung, Wareneingang, Qualitätskontrolle, Lagerverwaltung, Versand, Kundenbuchhaltung, Lieferantenbuchhaltung, Lohnbuchhaltung, Verkauf, Personalwesen, Geschäftsführung, EDV-Abteilung. Datenbestände verschiedener Abteilungen werden miteinander verknüpfbar in einer oder mehreren Datenbanken gespeichert. Dadurch wird deutlich, daß durch Neustrukturierung der Aufgabenbereiche und Arbeitsabläufe mit Hilfe der EDV die Durchrationalisierung aller Informationstätigkeiten und -bereiche mit dem Ziel der Steuerung und Kontrolle von Menschen und Maschinen erreicht werden soll.

Grundlage für diese Reorganisation der Informationsverarbeitung war die Datenfernverarbeitung. Die Arbeitsplätze der Angestellten in den Fachabteilungen wurden mit Datenstationen ausgerüstet, so daß im Dialog mit zentralen Datenbanken gearbeitet werden konnte. Diese Form der EDV-Organisation trägt mehrere Merkmale der EDV-Anwendung in der dritten Entwicklungsstufe (vgl. Abbildung). Zum einen kann durch die direkte Verbindung der Benutzer mit der EDV-Kapazität des zentralen Computersystems - man spricht auch von einer »on-line-Verarbeitung« - die Produktivität und Effektivität der Datenverarbeitungsprozesse wesentlich gesteigert werden: die Flexibilität in der Verfügbarkeit der EDV ist größer, die Reaktionszeit für die Korrektur von Eingabedatenfehlern geringer, Dialogauskünfte sind jederzeit möglich (z. B. bei Lagerbestandsführung, Platzbuchung, Dokumentation), der physische Datenträgertransport zwischen Fachabteilung und Rechenzentrum entfällt.

Zum zweiten wird das Steuerungs- und Kontrollpotential für das Management wesentlich erhöht: durch völlige Integration der Angestelltenarbeitsplätze in ein zentral gesteuertes Informationssystem wird einerseits die Abhängigkeit vom Rhythmus eines Maschinensystems vergrößert (analoge Entwicklung zum Fließbandprinzip im Produktionsbereich) und andererseits wird die Kontrolle der Arbeitsleistung sowie die Verhaltensüberwachung (Erfassung der Anschaltzeiten der Datenstation, Registrierung der Fehlerkorrekturen, Zählung der Eingaben u. a.) nahezu perfekt. Darüber hinaus schafft gerade der *dezentrale* Terminaleinsatz verbesserte Möglichkeiten der *zentralen* Steuerung eines Unternehmens, da mit Hilfe der Datenfernverarbeitung sowohl die Zentralisierung von Datenbeständen an einer Stelle als auch eine örtliche Dezentralisierung der Datenein- und -ausgabe sowie online-Verarbeitung erreicht wird. Die Vorteile insbesondere für Großunternehmen und multinationale Konzerne liegen auf der Hand.

Der Einfluß der EDV berührt - wie wir gesehen haben - neben der operativen Datenverarbeitung die Steuerung und Kontrolle, so daß Veränderungen der Arbeitssituation für

Hierarchie des betrieblichen Informations- und Kommunikationssystems

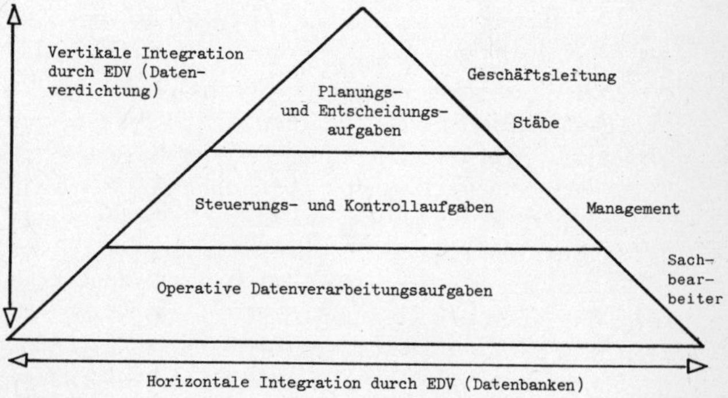

die Angestellten insgesamt erst durch eine Analyse der EDV-Anwendung in der gesamten betrieblichen Informationsverarbeitung hinreichend beschrieben werden können.

Für Steuerungs- und Kontrollaufgaben benötigt das Management Daten der verschiedenen Funktionsbereiche auf Sachbearbeiterebene. Dafür werden verdichtete Daten nach einer genau festgelegten Struktur regelmäßig oder bei bestimmten Soll-Ist-Abweichungen geliefert. Dadurch unterliegen die Angestellten in den kaufmännischen Verwaltungsabteilungen einer kontinuierlichen Überwachung. Die Objektivierung der computerorientierten Kontrolle trägt darüber hinaus dazu bei, verschärfte Herrschaftsausübung zu verschleiern.

Die horizontale und vertikale Integration der Datenverarbeitung wirkt zentralisierend auf die gesamte Informations- und Kommunikationsstruktur eines Unternehmens oder einer Organisation. Äußerlich sichtbar ist diese Tendenz durch zentrale EDV-Abteilungen, gemeinsame Rechenzentren usw. Diese Zentralisierung hat oft eine Kompetenzverlagerung von Fachabteilungen auf EDV-Bereiche bzw. Stabsabteilungen zur Folge. Vielfach gehen dabei EDV-Automatisierung und Informationsmonopolisierung Hand in Hand. Diese Tendenz wird insbesondere durch die zentrale Speicherung von Informationen in Datenbanken (integrierte Datenspeicherung) weiter ausgebaut.

Um den Ablauf der Datenverarbeitung in Informationssystemen automatisieren zu können, ist als Voraussetzung eine Standardisierung der Daten in verschiedenen organisatorischen Einheiten - beispielsweise in Form von übereinstimmenden Schlüsselsystemen - nötig. Zwei Beispiele sollen das verdeutlichen. So müssen in einem Industrieunternehmen bei integrierter Datenverarbeitung für ein bestimmtes Erzeugnis Arbeitsvorbereitung, Disposition und Vertrieb mit einer einheitlichen Artikelnummer arbeiten. Für die Organisation in einer Bank oder Sparkasse ist es erforderlich, Ordnungsmerkmale festzulegen, durch die die verschiedenen Konten eines Kunden miteinander verknüpft werden können. Diese Beispiele betreffen eine Informationsstandardisierung auf der Datenebene; Normierungen sind notwendige Voraussetzung für den Aufbau von integrierten Daten-

Komplexen, die für verschiedene Funktionen und Benutzer verfügbar sein müssen. Solche Datenspeicherung wird EDV-technisch als Datenbank bezeichnet.

Neben der Notwendigkeit der Integration auf der Datenseite stellt sich aber auch das Problem der Verknüpfbarkeit auf der Programmebene. Die integrierte Datenverarbeitung umfaßt Automatisierungen komplexer Problemstellungen - beispielsweise ein betriebliches Personalinformationssystem -, die umfangreiche Programmsysteme entstehen lassen. Funktionen, Methoden, Abläufe usw. müssen zergliedert werden, um die Informationsverarbeitungsstrukturen in entsprechenden Programmen abbilden zu können. Wie schon oben angedeutet, waren die Entwicklung und Anwendung von Verfahren der Systemanalyse notwendig, damit Software-Systeme für komplizierte Informationsverarbeitungsprozesse konzipiert werden konnten. Die Aufgabe der Systemanalyse besteht beim Entwurf umfangreicher Programmkomplexe für integrierte Verfahren vor allem darin, den Teilungsprozeß der Kopfarbeit zu verfeinern und Abläufe so weit zu zergliedern, daß einfache Teilsysteme das gewünschte komplexe Gesamtsystem realisieren. Die Zergliederung der Funktionen und Abläufe kommt in bausteinartigen Programmstrukturen zum Ausdruck, d. h. die einzelnen Programmteile müssen vielfältigen Standardisierungen und Normierungen unterworfen werden, um untereinander verknüpfbar zu sein.

Diese höhere Komplexität der Software-Entwicklung bedurfte nun ihrerseits verschiedener Lösungsverfahren. Um die vielfältigen Methoden für die Komplexitätsbewältigung zu ordnen, entstand ein eigener Zweig der Computerwissenschaft, das Software-Engineering. Wie viele andere Computerdisziplinen hatte auch diese ihren Ausgangspunkt beim Militär: »Das Wort Software Engineering wurde wohl zum ersten Mal einem größeren Kreis von Fachleuten bekannt, als zwei NATO-Tagungen über Softwareprobleme in Garmisch im Oktober 1968 und in Rom im Oktober 1969 unter den Titel ›Software Engineering‹ gestellt wurden« (Gewald, S. 18). Schwierigkeiten bei komplexen Programmsystemen entstehen vor allem durch die Kopplung verschiedener Programme, so daß das entscheidende

Problem auf der Programmebene analog der Datenebene die Verzahnung der untereinander verbundenen Elemente ist.

Neben Strukturierungshilfsmitteln für die Programmentwicklung und Programmtesthilfen wurden im Verlauf der dritten Entwicklungsstufe auf dem Gebiet der Programmiersprachen über die Anwendung der problemorientierten Sprachen hinaus Fortschritte erzielt. Einmal wurden »Dialogsprachen« geschaffen, die wesentlich einfacher zu formulieren waren als die schon in den 50er Jahren entwickelten Programmiersprachen (FORTRAN, COBOL u. a.). Daneben entstand für Teilbereiche ›Standardsoftware‹, z. B. für Datenbankverwaltung, Fertigungssteuerung, Buchhaltung, Lohnabrechnung, die von Computerherstellern bzw. Softwareunternehmen entwickelt wurden. Diese Standardsoftware ist, neben den erheblich fallenden Hardware-Kosten in der dritten Entwicklungsstufe, auch die entscheidende Voraussetzung für eine rasche Ausbreitung der Computeranwendung in kleinen und mittleren Betrieben.

Die schnelle Ausweitung der EDV eröffnete durch zahlreich wiederholbare Einsatzmöglichkeiten bestimmter Software für gleiche Aufgaben- und Funktionsbereiche einen Markt für den Verkauf von Standardlösungen. Dies war ein Grund dafür, daß in den 70er Jahren in großer Zahl Softwareunternehmen entstanden, die einmal Standardsoftware vertreiben und zum anderen für EDV-Benutzer Anwendungsprogramme entwickeln. Sie dienen vor allem für die EDV-Anwender als Softwarelieferanten, die selbst davon absehen, für Programmentwicklungen eigene Programmierabteilungen einzurichten. Vor allem Klein- und Mittelbetriebe erwerben »Fremd-Software«. Daneben haben sich Softwareunternehmen auf Spezialanwendungen ausgerichtet, so daß sie teilweise einen erheblichen Know-how-Vorsprung haben. Das Umsatzvolumen dieser Softwareunternehmen hat in der BRD inzwischen eine Höhe von mehreren hundert Millionen DM erreicht.

Mit der Erweiterung des Umfangs und der Leistung der Hardware (Datenfernübertragung, Dialogverarbeitung, Computerverbundsysteme) einerseits und der komplexeren Automatisierung von Kopfarbeit (dispositive Aufgabenbereiche, Datenbanklösungen, Standardprogrammsysteme) andererseits wurden die Betriebssysteme für EDV-Anlagen vor immer größere Probleme gestellt. Betriebssysteme wurden Softwaregebilde, die die EDV-Hersteller einerseits vor große Programmierprobleme stellten und andererseits hohe Kosten verursachten.

Damit ist eine ganz entscheidende Veränderung gegenüber der zweiten Entwicklungsstufe der EDV angedeutet. In den 70er Jahren verschiebt sich die Kostenstruktur von Hard- und Software. Waren bislang die Hardwarekosten die bestimmende Komponente der EDV-Gesamtkosten, wurden sie nun von den Softwarekosten übertroffen. Diese Entwicklung läßt sich einmal durch den erheblichen Preisverfall von Computerhardware infolge der Mikroelektronik erklären; zum anderen durch den größeren Programmierungsaufwand für die komplexeren Aufgabenstellungen des EDV-Einsatzes sowie durch die ständig wachsenden Softwarewartungskosten.

Dies führte auf zwei Gebieten zu ganz erheblichen Konsequenzen:

- Infolge der veränderten Kostenstruktur waren die Computerhersteller nun gezwungen, ihre bisherige Verkaufspolitik der »kostenlosen« Abgabe der Betriebs-Systemsoftware aufzugeben. EDV-Systeme wurden jetzt preislich getrennt nach Hardware- und Software-Produkten vertrieben. Die starke Verschiebung der Kostenstruktur in Richtung Software erlaubte es also den Computerfirmen nicht mehr, Softwareentwicklungskosten in die Kalkulation für die Hardware eingehen zu lassen.
- Die emporschnellenden Softwarekosten mußten zwangsläufig zu Rationalisierungsmaßnahmen bei der Programmierung führen. Die Aufspaltung komplexer Verfahren in Teilaufgaben schaffte die Voraussetzung für eine Rationalisierung. Damit wurde die Grundlage gelegt, die Zergliederung der Kopfarbeit in den Programmierabteilungen je nach Kompliziertheit der zu erstellenden Programme voranzutreiben. Im Programmierbereich setzt sich dabei eine weitreichende Arbeitsteilung durch, die eine ausgeprägte Hierarchie- und Kontrollstruktur zur Folge hat. Andererseits wird die Rationalisierung der Programmerstellung durch verbindliche Standards und Normen vor-

angetrieben und durch Zeitvorgaben der Ablauf der Programmierung kontrolliert. Die Arbeitsbedingungen wurden damit nun auch in dem noch in den 60er Jahren »privilegierten« Bereich der Programmierung weitgehend einer Leistungsintensivierung, Rationalisierung und Einengung der Handlungsspielräume unterworfen - eine parallele Entwicklung also zu den Veränderungen der Arbeitssituation der betroffenen Sachbearbeiter in den Fachabteilungen.

Auch im EDV-Bereich übernehmen Computersysteme immer mehr die Steuerung und Kontrolle der Leistung. Die Programmentwicklung erfolgt zunehmend im »Dialog« mit dem EDV-System, wobei jeder Schritt des Programmierers vom System überwacht werden kann.

Enteignung des Denkens

Die Integration der verschiedenen betrieblichen Datenverarbeitungsprozesse durch EDV-Systeme führt zu einer vollständigen organisatorischen Einbettung des Computers in die Informationsstruktur eines Unternehmens. Durch zentralisierte Speicherung in Datenbanken und integrierte Verarbeitung werden Datenkomplexe der operativen Ebene (Rechnungswesen, Produktion, Vertrieb, Personalwesen usw.) miteinander verknüpft. Diese horizontale Integration auf der unteren Ebene innerhalb der betrieblichen Informations- und Kommunikationsstruktur wird über die vollständige »Programmierung« der Verarbeitung und des Verarbeitungsablaufs durch integrierte EDV-Verfahren erreicht. Folge davon sind Schematisierung der Aufgaben, Entpersönlichung der Kommunikation durch Abnahme der menschlichen Kontakte und Zunahme der »Mensch-Maschine-Kommunikation« (Kommunikationsträger sind Computerprogramme, Computerbelege, Computer) sowie Steigerung des Zeitdrucks bei der Aufgabenerledigung durch ständige Abhängigkeit von einem EDV-System. Durch die horizontale Integration der verschiedenen Datenkomplexe wird die Effektivität der Verwaltungs- und Büroarbeit erheblich gesteigert. Das wird vor allem durch Programmierung und Vereinheitlichung der Aufgaben und Arbeitsabläufe, Zentralisierung verschiedener Bearbeitungsfunktionen sowie Dequalifizierung und Polarisierung der verbleibenden menschlichen Tätigkeiten (Ersetzen von Fachkenntnissen durch »prozeßunabhängige« Fähigkeiten) erreicht.

Die vertikale Information und Kommunikation im Unternehmen wird ebenfalls verstärkt formalisiert und automatisiert. Zweck dieser Maschinisierung und Objektivierung sind die bessere Planbarkeit und Kontrolle der ausführenden Arbeitsbereiche; die operativen Datenkomplexe dienen dabei als Informationsbasis. Nachdem die Anfang der 70er Jahre konzipierten ›Management-Informations-Systeme‹ (MIS) aufgrund zu hoher Komplexität nicht realisiert werden konnten, wurden forciert teilintegrierte MIS für einzelne Teilaufgaben, z. B. für das Personalwesen, Fertigung, Vertrieb aufgebaut. Diese Systeme vervollständigen die Herrschaftspyramide im Unternehmen: Sie übermitteln alle von der Norm abweichenden Aktivitäten der Ausführungsebene sofort dem Management, quasi durch Computerknopfdruck.

Dabei hat die Verarbeitung von Beschäftigten- und Arbeitsplatzdaten in sog. Personalinformationssystemen für die Betroffenen eine besondere Kontrollwirkung zur Folge. Unternehmensziel dieser Systeme sind auf der einen Seite die optimale Zuordnung und Steuerung der Beschäftigten auf die vorhandenen Arbeitsplätze und auf der anderen Seite die schnelle Bereitstellung von Daten über die Beschäftigten: für vielfältige Aufgaben der Personalverwaltung und -überwachung. In Personalinformationssystemen werden dazu einerseits mehrere hundert persönliche Daten - Angaben zur Person, abrechnungstechnische Daten, An- und Abwesenheitsdaten, Qualifikations-, Tätigkeits- und Beurteilungsdaten, Krankheitsinformationen u. a. - der Arbeitnehmer als »Befähigungsprofile« und andererseits Informationen über Arbeitsplätze mit ihren Tätigkeitsmustern als »Anforderungsprofile« in zentralen Datenbanken gespeichert. Damit bilden Personalinformationssysteme in Unternehmen die Basis für Versetzungen, Eingruppierungen und Entlassungen der Beschäftigten. Daneben werden diese Daten für die Personalbedarfs- und Personaleinsatzplanung verwendet: mit Hilfe von EDV-Verfahren werden »Anforderungsprofile« und »Befähigungsprofile« gegenübergestellt und eine computerorientierte Zuordnung von Menschen und Arbeitsplätzen angestrebt. Außerdem können kurzfristige Personaldispositionen ›on-line‹ durchgeführt werden, um einen eventuellen Fehlbedarf bei bestimmten Arbeitsplätzen täglich auszugleichen, d. h. der Computer fungiert als innerbetrieblicher Verschiebebahnhof für einen flexiblen Personaleinsatz.

EDV-orientierte vertikale Kommunikations- und Informationsflüsse können darüber hinaus zu einer zahlenmäßigen Verringerung des unteren und mittleren Managements führen, da die Steuerung und Kontrolle in vieler Hinsicht maschinell erfolgt.

Eine weitgehende Automatisierung der Informations- und Kommunikationsprozesse im Unternehmen führt daneben zu einer Verbesserung der Datengrundlage für die gesamte Unternehmensplanung. Eine zeitlich aktuelle und schnell verfügbare Datenbasis erlaubt überdies dem Top-Management ein schnelles Reagieren auf Marktverschiebungen bzw. auf konjunkturelle Einflüsse sowie eine zentrale Planung und Steuerung von örtlich getrennten Betriebseinheiten - beispielsweise in verschiedenen Ländern durch die Zentrale eines multinationalen Konzerns.

Daneben werden regelmäßig beim Einsatz computerorientierter Informationssysteme bestimmte Entscheidungs- und Bearbeitungsfunktionen von den Betrieben und Zweigwerken bzw. Tochterfirmen auf die Hauptverwaltungen verlagert. Diese Zentralisierung führt zu einem Qualifikationsverlust für die Beschäftigten in den Zweig- bzw. Tochterbetrieben, da die Verwaltungstätigkeiten dort überwiegend aus Datenzulieferungsfunktionen für die zentrale Verarbeitung bestehen. Die zentralisierte Verarbeitung hat eine Vereinheitlichung und Systematisierung des Formularwesens sowie der zeitlichen und formalen Vorgabe des

Arbeitsablaufes zur Grundlage. Die vollständige Durchorganisation und Durchplanung der gesamten Informationsverarbeitung zieht eine Einengung der Entscheidungs- und Entfaltungsspielräume für die betroffenen Angestellten in den dezentralen Verwaltungen nach sich, wachsende Monotonie der Arbeit ist die Folge.

Die folgende Abbildung zeigt ein Computerverbundsystem. An einen zentralen Computer in der Hauptverwaltung eines Unternehmens sind netzförmig zwei dezentrale EDV-Anlagen (»Vorrechner«) in Zweigwerken bzw. Datenstationen (Terminals) direkt angeschlossen. Der Verbund wird durch Datenfernübertragung hergestellt; dabei können die örtlichen Distanzen durch nationale bzw. internationale Übertragungseinrichtungen der Postgesellschaften überbrückt werden. Industrielle Großunternehmen, Banken, Sparkassen und Handelsketten bedienen sich zunehmend häufiger der Datenfernverarbeitung. Selbst über sehr weite Entfernungen - z. B. USA/Europa mit Datenfernübertragung via Satellit - können Daten in Sekundenschnelle übermittelt werden. Beispiele für mehr oder weniger welt-

Schematische Struktur eines Computerverbundsystems

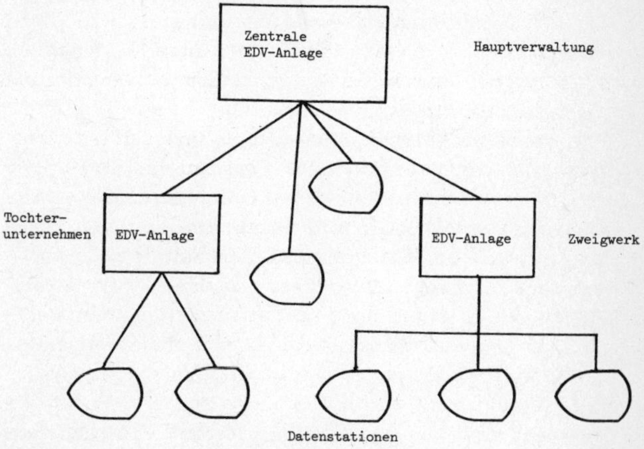

umspannende Netze sind die Platzbuchungssysteme der Fluggesellschaften (mit oft mehreren hundert angeschlossenen Terminals), das internationale Netz zur Vermittlung von Banknachrichten S.W.I.F.T. (Society for Worldwide Interbank Financial Telecommunication) oder das US-militärische Computernetz Wimex. Als Datenstationen werden heute überwiegend Bildschirmgeräte verwandt. Von diesen Geräten aus können Programme im Dialog - Daten werden über eine Tastatur eingegeben sowie über einen Bildschirm ausgegeben - verarbeitet werden.

In der BRD erfolgt der Datentransport zwischen Datenstationen und zentralen Computersystemen in Netzen der Bundespost (die ein Monopol für Datenübertragung auf den Fernmeldewegen hat) - heute noch überwiegend durch das öffentliche Fernsprechnetz. Dabei müssen die digitalen Daten durch besondere Einrichtungen der analogen Übertragung angepaßt werden.

Mit Hilfe von Terminals am Arbeitsplatz können auch verschiedene Funktionen der automatischen Daten- und Textverarbeitung ineinander integriert werden. Das bedeutet für den Sachbearbeiter, daß er zusätzlich die Funktionen eines Datenerfassers und einer Schreibkraft übernimmt. So bekommt beispielsweise ein Angestellter bei einer Versicherung eine genaue Pensumvorgabe in Form einer bestimmten Menge von Versicherten, deren gesamte Bearbeitung einschließlich der Dateneingabe und des Briefverkehrs in seine Zuständigkeit fällt. Diese grundlegende Tätigkeitsveränderung ist nur mit Hilfe einer weitgehenden Standardisierung der gesamten Büroarbeit und vollständiger Steuerung durch ein Computerprogrammsystem zu erreichen; denn nur so ist es möglich, das zu erledigende Pensum jederzeit aktuell vorzugeben und permanent zu kontrollieren. Die beschriebene Form der Aufgabenverdichtung am Arbeitsplatz des Sachbearbeiters und die vollständige maschinelle Überwachung aller Vorgänge führen zwangsläufig zu einer Steigerung des Arbeitstempos und damit zu einer Leistungsintensivierung bei gleichzeitigem Abbau von Handlungs- und Kompetenzspielräumen.

Daneben sind die an Bildschirmgeräten Beschäftigten

weiteren physiologischen und psychologischen Belastungen ausgesetzt. Gesundheitliche Schäden sind Folge der mangelhaften Gestaltung des Arbeitsplatzes (Anordnung des Arbeitsplatzes, Bildschirm, Beleuchtung, Lärm, Klima u. a.) sowie der zu langen Arbeitszeit ausschließlich am Bildschirm. Beinahe regelmäßig treten nach ein bis zwei Stunden ununterbrochener Tätigkeit am Bildschirmgerät Verkrampfungserscheinungen, Konzentrationsschwächen, Ermüdungserscheinungen, Rücken-, Nacken-, Kopf- und Augenschmerzen auf. Mittelfristige Folge können körperliche und psychische Erkrankungen sein. Besonders gefährdet sind Tätigkeiten ausschließlich am Bildschirm - hier handelt es sich vor allem um den Bereich der Datenerfassung. Frauen arbeiten bei dieser Tätigkeit meist im Akkord- oder Prämiensystem, wobei als Normleistung eine Eingabe von ca. zwölftausend Zeichen pro Stunde vorgegeben wird.

Welche weiteren organisatorischen und qualifikatorischen Konsequenzen hat die »arbeitsplatznahe« Gestaltung computerorientierter Informationssysteme? In einer Sonderausgabe einer Computerzeitschrift zur Thematik der Büroautomation schrieb der ehemalige Bundesminister für Forschung und Technologie, Hauff, in einem Vorwort (»nach menschlichem Maßstab gestalten«): »Der Verbund von ›intelligenten‹ Schreibsystemen untereinander oder mit größeren Computern wird eine Umgebung schaffen, die viele heute noch als selbstverständlich angesehene Arbeitsabläufe und damit auch die Situation vieler in diesem Bereich Tätiger verändern wird« (*ÖVD* 78, S. 3). Wie das aussieht, wird in dieser Broschüre beispielsweise durch ein Beispiel aus einem Versicherungsunternehmen verdeutlicht. Zur Arbeitssituation der von der Computerisierung betroffenen Beschäftigten wird dort festgestellt: »Die Möglichkeit des ständigen Ausbaus der maschinellen Verfahren und ihre Absicherung durch Prüfroutinen und Plausibilitätsprüfungen führen zu einer permanenten Standardisierung der Bürotätigkeit. Langfristig werden deshalb die Anforderungsprofile der Mitarbeiter im Bereich der maschinellen Büroverfahren sinken. Fachkräfte zeichnen sich dann nicht mehr durch langfristig errungene Erkenntnisse aus, sondern durch flexible Anpassung an neue Aufgabenstellungen« (*ÖVD* 78, S. 40). So stellt auch die Bundesanstalt für Arbeit in einem Berufswahl-Magazin zum Thema »EDV im Büro - das Terminal am Arbeitsplatz« fest, daß in der Regel für die Mitarbeit am Terminal die folgenden Kenntnisse und Fähigkeiten genügen: Grundwissen über EDV, Kenntnisse über die Bedienung des Terminals, Fachkenntnisse auf Anlernniveau (!) und Überblick über den Arbeitsablauf (vgl. *UNI*, Zeitschrift der Bundesanstalt für Arbeit, 78, S. 8). Wir fassen zusammen: die Arbeitssituation der weitaus meisten Beschäftigten, deren Arbeitstätigkeit mehr oder weniger durch EDV-Systeme bestimmt wird, hat sich gegenüber früher verschlechtert. Negative Folgen auf die Arbeitsbedingungen sind insbesondere

- Entwertung bzw. Polarisierung der Qualifikation
- wachsende Monotonie durch Routinisierung der Aufgaben und Arbeitsabläufe
- Einengung der Handlungsspielräume und Kompetenzen
- zunehmende Steuerung und Kontrolle durch computerorientierte Kommunikation
- Leistungsintensivierung
- Anonymisierung der Herrschafts- und Machtstrukturen.

Wir haben in diesem Abschnitt bisher diese Untersuchung auf den Bereich der Informationsverarbeitung der operativen Ebene konzentriert. Es gibt aber noch andere EDV-Anwendungen. In verschiedenen Unternehmensbereichen - beispielsweise in Planungs-, Forschungs- und Stabsabteilungen - werden Computersysteme von den dort beschäftigten Angestellten als Arbeitsmittel zur Unterstützung bestimmter Aufgaben (zur Lösung mathematisch-statistischer Probleme, zur Dokumentation, zur Archivierung u. a.) eingesetzt. Die EDV-Kapazität wird hier als Hilfsinstrument für komplizierte Arbeiten benutzt - der Anwender ist in der Tat Benutzer von Computerleistungen, er wendet die EDV als Arbeitsmittel an. Diese Arbeiten bestehen überwiegend nicht aus Routinefunktionen, die Beschäftigten verfügen vielmehr über einen relativ großen Handlungs- und Entscheidungsspielraum. Die EDV kann also dazu beitragen, die Arbeitssituation für die Arbeitnehmer in Forschungs- und

Planungsbereichen weiter zu verbessern und damit diese noch mehr gegenüber der großen Zahl der Beschäftigten in den operativen Bereichen zu privilegieren. Darüber hinaus verdeutlichen diese Unterschiede, daß Computerentwicklung und -anwendung durchaus Gestaltungsspielräume eröffnen könnten; diese werden allerdings immer wieder den kapitalistischen Verwertungsbedingungen geopfert. An den in den Computerwerbungen oft gepriesenen Auswirkungen der Computersysteme - maschinelle Bearbeitung der Routinearbeit und damit freie Zeit für kreative Tätigkeit - ist sicherlich so viel richtig, daß eine kleine Elite in den Genuß solcher Verbesserungen kommt. Für die große Mehrheit der Betroffenen führt der Computer-Einsatz dagegen fast immer zu den erwähnten negativen Folgen.

Die EDV hat damit tatsächlich die Vision von Babbage erfüllt, die Informationsverarbeitung so umzugestalten, daß die Mehrzahl in der »Vorbereitung der Daten« oder in der »Bedienung von Maschinen« tätig ist (vgl. auch Braverman, S. 245). So geht folglich nicht nur die Entwicklung des Computers auf Babbage zurück, sondern auch die Anwendung der EDV vollzieht sich weitgehend nach den vor 150 Jahren von Babbage formulierten Organisationsprinzipien. Die EDV verändert die Arbeitssituation der Angestellten dabei so, daß sie den Arbeitsbedingungen der Produktionsarbeiter an Maschinen und Automaten mehr und mehr angeglichen wird. Diese Entwicklung sah bereits 1947 Norbert Wiener voraus: »Ich kann vielleicht den historischen Hintergrund der gegenwärtigen Situation erläutern, wenn ich sage, daß die erste industrielle Revolution, die Revolution der ›finsteren satanischen Fabriken‹, die Entwertung des menschlichen Armes durch die Konkurrenz der Maschine war. Es gibt keinen Stundenlohn eines US-Erdarbeiters, der niedrig genug wäre, um mit der Arbeit eines Dampfschaufelbaggers konkurrieren zu können. Die moderne industrielle Revolution ist in ähnlicher Weise dazu bestimmt, das menschliche Gehirn zu entwerten, wenigstens in seinen einfacheren oder mehr routinemäßigen Entscheidungen. Wie der gelernte Zimmermann, der gelernte Mechaniker, der gelernte Schneider in gewissem Grade die erste industrielle Revolution überlebt haben, können natürlich der erfahrene Wissenschaftler und der erfahrene Verwaltungsbeamte die zweite überleben. Stellt man sich jedoch die zweite Revolution als abgeschlossen vor, so wird das durchschnittliche menschliche Wesen mit mittelmäßigen oder noch geringeren Kenntnissen nichts zu ›verkaufen‹ haben, was für irgend jemanden das Geld wert wäre. Die Antwort ist natürlich, daß wir eine Gesellschaft haben müssen, die auf menschliche Werte gegründet ist und nicht auf Kaufen und Verkaufen« (Wiener, 1968, S. 50 f).

Neben der Datenfernverarbeitung erfuhr die EDV durch die sog. »Mittlere Datentechnik« (MDT) eine weitere Ausdehnung. Kleine Computersysteme mit geringer Speicherkapazität und gegenüber Universalcomputern langsamerer Rechengeschwindigkeit wurden für Zwecke der automatischen Verarbeitung - insbesondere kleinerer Datenmengen diverser Verwaltungsaufgaben - entwickelt. Diese »Small-Business-Computer« (Bürocomputer und Abrechnungssysteme) bilden die »Mittlere Datentechnik«. MDT-Systeme konnten besonders in den Bereich traditioneller Buchungs- und Fakturiermaschinen eindringen. Hauptanwendungsgebiete waren mithin Buchhaltung, Fakturierung, Lohn und Gehalt sowie Kostenrechnung. Mit Kaufpreisen meist unter 200 000 DM lagen diese MDT-Anlagen erheblich unter den Anschaffungskosten von Universalcomputern. Durch die MDT wurde damit ein großes Rationalisierungspotential für die Büro- und Verwaltungsautomation in kleinen und mittleren Unternehmen erschlossen. Die MDT konnte sozusagen in die Lücke zwischen großen Universalrechnern und konventionellen Buchungsmaschinen eindringen. Der EDV-Teilmarkt »MDT« wurde bis Mitte der 70er Jahre von den Herstellern der Universalcomputer nur wenig beachtet - so konnten neue Computerunternehmen expandieren (beispielsweise in der BRD die Fa. Nixdorf) sowie traditionelle Büromaschinenkonzerne erfolgreich Produktdiversifikationen in der EDV-Branche betreiben (Philips, Triumph-Adler, Olivetti, Kienzle u. a.).

Seit Mitte der 70er Jahre zeigen allerdings Universalcomputerhersteller (Beispiele: IBM und Siemens) ein überaus starkes Engagement auf dem Gebiet mittlerer EDV-Systeme. Der Marktanteil dieser Computer-Systeme am EDV-

Gesamtmarkt hatte jetzt 40 % überschritten, darüber hinaus übertraf die Zuwachsrate für kleinere und mittlere Computersysteme bei weitem das Anwachsen des Universalcomputerbestandes. Zwei wichtige Gründe also, in diesen Teilmarkt einzudringen.

Zudem werden die Computerhersteller durch amerikanische und japanische Halbleiterproduzenten, die in den letzten Jahren mit riesigen Umsatzsteigerungen für ihre Produkte - integrierte Schaltungen, Mikroprozessoren und Mikrocomputer - aufwarten konnten, bedrängt. Der Teilmarkt von Klein- und Kleinstcomputern wächst jährlich mit weit höheren Wachstumsraten als der von Universalcomputersystemen. Darüber hinaus verfügen die ›Chip‹-Hersteller über einen enormen Know-how-Vorsprung in der Mikroelektronik-Technologie, so daß fast alle Computerunternehmen durch die Verwendung von Mikroelektronik-Elementen in ihren EDV-Systemen von der Halbleiterindustrie abhängig werden. IBM und Siemens gehören nicht dazu - IBM entwickelt und produziert mikroelektronische Bauelemente selbst und Siemens ist ebenfalls, vor allem durch Know-how-Transfer aus den USA (u. a. durch Aufkauf von US-Firmen), inzwischen ebenfalls dazu in der Lage.

Ein weitreichender Rationalisierungsschub zeichnet sich durch spezielle Datenstationen - ›POS‹ (Point-of-Sale)-Systeme oder elektronische Datenkassen - im Groß- und Einzelhandel ab. Zum einen führen diese Systeme zur automatischen Registrierung der verkauften Waren; durch Codierung von Warennummern mit Hilfe der Ende der 70er Jahre eingeführten einheitlichen europäischen Artikelnumerierung (EAN) können Daten auf Warenetiketten automatisch gelesen und weiterverarbeitet werden. Dabei wird durch den Wegfall der manuellen Preiserfassung die Durchlaufgeschwindigkeit der Waren an den Kassen größer, zudem werden Fehler beim Preis-Tippen ausgeschlossen. Daneben können, bei Verbindung der Datenkassen mit einem zentralen Computersystem, tägliche Geschäftsergebnisse abgerufen, Lagerbestandsführung und automatische Bestellvorgänge abgewickelt werden: Buchhalter, Lagerverwalter und Disponenten werden so fast überflüssig.

Darüber hinaus drängt die EDV inzwischen in ein Gebiet vor, das über die bisher betriebene Datenverarbeitung hinausgeht: die Textverarbeitung. Mit der Ausdehnung der Informationsverarbeitung häufen sich auch in der Textverarbeitung gleiche oder gleichartige, immer wiederkehrende Textpassagen, die sich oft nur durch einige wenige veränderliche Bestandteile unterscheiden, etwa Namen und Datumsangaben in Mahnschreiben oder Mengenangaben und Spezifikationen in Angebots- oder Bestellschreiben. Die weitere Rationalisierung solcher Schreibarbeit führte zur Entwicklung von Schreibautomaten.

Dabei handelt es sich im wesentlichen um Schreibmaschinen mit erhöhter Anschlagsleistung (1000 bis 5000 Zeichen/Min.), die mit einem Speicher für Textbausteine versehen sind. Der Speicher bietet zunächst neue Möglichkeiten der

Übergang zur programmierten Textverarbeitung

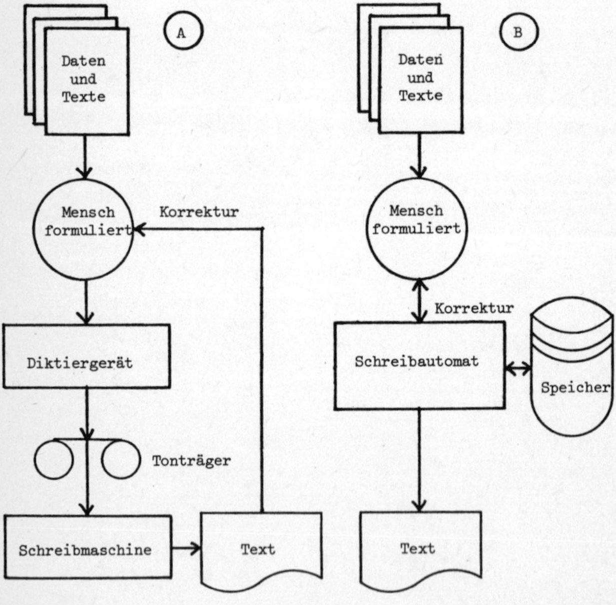

rationellen Verarbeitung von Texten, die mehrfach überarbeitet und korrigiert werden müssen, da sich die Korrekturen im Speicher einfügen lassen und der gesamte Text anschließend automatisch ausgeschrieben wird. Seine große Bedeutung erhält der Schreibautomat aber erst durch die Programmierfähigkeit. Mit der Möglichkeit, gespeicherte Textabschnitte frei auszuwählen und beliebige Texte zusätzlich einzufügen, wird er zum Kernbestandteil der programmierten Textverarbeitung. Dabei werden die gespeicherten Textbausteine in Texthandbüchern zusammengefaßt und mit Kennziffern versehen. Anstelle des Diktats des vollständigen Textes gibt der Sachbearbeiter in einer Schreibanweisung lediglich die Kennziffern der zu schreibenden Textbausteine in der gewünschten Reihenfolge an und ergänzt zusätzlich variable Textteile. Nach der Eingabe der Kennziffern und der variablen Textteile wird der Text automatisch ausgeschrieben.

Neben der erheblichen Vereinfachung der Korrektur von Texten und dem fast vollständigen Vermeiden von Schreibfehlern liegt der wichtigste Rationalisierungseffekt der programmierten Textverarbeitung in einer bedeutenden Steigerung der Schreibleistung; sie entspricht dem 3- bis 6fachen der manuellen Leistung. Wird die Programmierfähigkeit der Schreibautomaten durch einen Computer hergestellt, ist der Übergang zur computergestützten Textverarbeitung (CTV) vollzogen. Insbesondere seit Mitte der 70er Jahre haben stark fallende Kosten für kleine EDV-Systeme den Computer als Automatisierungsinstrument der Textverarbeitung erschlossen.

Die computerorientierte Textverarbeitung ist ein wichtiger Teil der Bürorationalisierung - in der BRD z. B. arbeiten heute noch ca. 2,5 Millionen »Schreibkräfte«. Es ist zu erwarten, daß in den nächsten sechs bis acht Jahren viele dieser »Schreibkräfte« ihren Arbeitsplatz durch Rationalisierung und Automatisierung verlieren werden. Vor allem Frauen werden also betroffen sein.

Dabei ist die Entwicklung auf dem Gebiet der computergestützten Textverarbeitung noch keineswegs abgeschlossen. Mit dem zukünftigen Zusammenwachsen von Daten- und Textverarbeitung zu einem integrierten Informations-

und Kommunikationssystem wird die Automatisierung der Schreibarbeit noch einmal vorangetrieben: die Konzeption

Absolute Zahlen und Meßziffern für die Entwicklung ausgewählter informationsverarbeitender Berufe in der BRD (Quelle: Institut für Arbeitsmarkt und Berufsforschung).

Informationsverarbeitende Berufe	Zahl der Berufsangehörigen		Entwicklung				
	1970	1976	1950	1961	1970	1973	1976
Schriftsetzer, Druckstockherst.	73 200	57 500	67	100	112	105	87
Drucker und Gehilfen	115 600	94 300	69	100	108	98	87
Bürofachkr., Verw.-Angest.	2 617 600	2 963 000	74	100	151	171	170
Sekretärinnen, Typistinnen	457 200	417 100	48	100	96	85	87
Rechnungskaufleute	471 300	411 100	50	100	99	88	86
Datenverarbeitungsfachleute	60 800	91 900	12	100	181	214	271
Unternehmer, Geschäftsführer	317 800	577 300	62	100	82	134	147
Ltd. Verwaltungsfachleute	273 900	337 900	84	100	110	113	135
Bank- u. Versich.-Fachleute	446 200	476 500	70	100	170	186	180
Groß- u. Einzelhandelskaufl., Einkäufer	705 200	577 800	-	-	-	-	-
Speditionskaufl.	78 400	68 200	47	100	157	129	136
Werbefachl.	36 800	35 300	-	100	182	140	173
Vermieter, Makler	60 900	52 400	152	100	116	94	99
Wirtschaftsprüfer, Steuerberater	56 200	62 900	97	100	144	-	-
Anwälte, Richter	72 900	88 900	69	100	114	125	138
Publizisten, Bibliothekare, Dolmetscher	63 100	71 800	93	100	148	135	167
Ingenieure:							
-Maschinenbau	95 800	59 000	-	-	100	76	62
-Elektrotechnik	64 400	60 600	-	-	100	104	94
-Bauwesen	169 300	151 800	-	-	100	88	90
-Bergbau	8 700	9 600	-	-	100	94	110
-sonst. Ingenieure	76 200	138 200	-	-	100	161	181
Chemiker, Physiker Mathematiker	40 900	43 600	-	-	100	110	107

bestimmter Korrespondenz sowie der physische Schreibvorgang selbst werden durch Software im Computersystem abgewickelt werden. Darüber hinaus wird innerhalb der nächsten zehn Jahre die briefliche Korrespondenz durch neue Medien elektronischer Briefübertragung einer ganz erheblichen Umstrukturierung ausgesetzt werden - davon später mehr.

Technologische Arbeitslosigkeit

Die Ausweitung der Computerautomatisierung auf die gesamte betriebliche Informationsverarbeitung einerseits und auf Klein- und Mittelbetriebe andererseits hat sich in einem Anwachsen der Computerinstallationen niedergeschlagen. Diese Entwicklung zeigt folgende Tabelle beispielhaft für die BRD.

Entwicklung von EDV-Installationen in der BRD
(Quelle: Diebold-Statistiken und Deutsche Bundespost)
1: Jeweils am 1. 1. eines Jahres 2: Jeweils am 31. 12. eines Jahres 3: EDV-Systeme im Wert von ca. 20 000 bis 200 000 DM Kaufpreis

Jahr	Universal-[1] computer	Klein-[1,3] computer	Datenstationen[2] (in Postnetzen)
1970	6170	20 235	4258
1971	7600	27 550	7687
1972	8800	35 450	11 352
1973	9400	38 900	17 553
1974	10 750	55 850	24 435
1975	12 357	63 000	37 346
1976	13 422	79 333	45 262
1977	15 745	84 184	56 474
1978	18 385	105 466	65 555
1979	20 576	128 669	86 178
1980	23 712	155 487	107 426

Diese Zahlen zeigen, daß die Zuwachsraten für EDV-Systeme in den 70er Jahren - trotz des inzwischen erreichten hohen Niveaus - zweistellig blieben. Durch Datenfernverarbeitung wurden zwischen 1970 und 1979 über 80 000 Datenendgeräte angeschlossen. Ihre wesentliche Ausbreitung fand die EDV also in den 70er Jahren. Begünstigt wurde diese Entwicklung nicht zuletzt durch die enormen Kostenminderungen der Mikroelektronik, die einen erheblichen Preisverfall für Computerprodukte zur Folge hatten.

Außerdem spielt das veränderte wirtschaftliche Wachstum eine Rolle. Die folgende Tabelle zeigt, wie sich in der BRD die Rahmenbedingungen der 70er Jahre gegenüber denen der 60er Jahre verändert haben.

Durchschnittliche jährliche Veränderungsraten in % ausgewählter Wirtschaftsbereiche und von allen Wirtschaftsbereichen (Quelle: IFO-Institut und eigene Berechnungen)

Wirtschaftsbereiche	1965/60	1970/65	1975/70	1979/75
Verarbeitendes Gewerbe:				
Erwerbstätige	1,0	0,2	-2,1	-0,4
Produktivität	6,4	5,6	4,6	4,6
Bruttowertschöpfung	6,1	5,5	0,9	4,1
Kreditinstitute, Versicherungen:				
Erwerbstätige	4,8	4,2	2,9	0,8
Produktivität	4,0	5,2	3,2	5,2
Bruttowertschöpfung	8,3	8,9	5,2	6,0
Gesamtwirtschaft:				
Erwerbstätige	0,5	-0,1	-1,0	0,2
Produktivität	5,4	5,1	4,0	3,8
Bruttoinlandsprodukt	5,0	4,4	1,9	4,0

In den 70er Jahren mußten sich das deutlich geringere wirtschaftliche Wachstum auf der einen Seite und die EDV-Rationalisierungsoffensive im Bereich der Büro- und Verwaltungsarbeit auf der anderen Seite erheblich auf die gesamtwirtschaftliche Beschäftigung auswirken. Die gegenüber den 60er Jahren höheren Computerinstallationen werden durch verschiedene Faktoren in ihrer Wirkung noch verschärft:

- Die Menge der automatischen Informationsverarbeitungskomplexe, die an einem EDV-System durchgeführt werden, hat sich stark erweitert. Sichtbares Indiz dafür ist beispielsweise, daß vom 1-Schicht-Betrieb zu 2-Schicht- bzw. 3-Schicht-Betrieb in den Rechenzentren übergegangen wird. Bei der Einführung der EDV in einem Unternehmen wird meist mit einem Automationskomplex begonnen und dann weitere Arbeitsgebiete sukzessive auf EDV-Verfahren umgestellt, so daß die Zahl der automatisierten Informationsverarbeitungsaufgaben auch von der zeitlichen Länge des EDV-Einsatzes abhängt.

- Das Preis-Leistungsverhältnis der eingesetzten EDV-Systeme ist in den letzten 10 Jahren wesentlich gesenkt worden, so daß die Zuwachsraten des Computerbestandes das reale Leistungsvermögen nur unzureichend beschreiben.
- Die Effektivität der EDV-Rationalisierungen wird durch einen arbeitsplatznahen Einsatz mit Hilfe von Datenfernverarbeitungseinrichtungen verbessert; beispielsweise haben in den 70er Jahren über 80 000 installierte Terminals dazu beigetragen.
- Die Wirtschaftlichkeit der EDV-Funktionen ist durch verschiedene technische und organisatorische Maßnahmen in der dritten Entwicklungsstufe der EDV verbessert worden (Software Engineering, Standardprogrammsysteme, Kontroll- und Analysesysteme für die EDV-Abwicklung, Taylorisierung im Bereich der EDV-Tätigkeitsfelder, Projektmanagement u. a.).
- Durch eine Erweiterung der EDV-Kenntnisse in den Firmen konnte die Effektivität des Computereinsatzes teilweise in bedeutendem Maße verbessert werden.

Die verstärkten Rationalisierungsmaßnahmen in den 70er Jahren spiegeln sich in der Entwicklung der Erwerbstätigkeit informationsverarbeitender Berufe wider: Von 15 Berufsgruppen, deren Entwicklung in der Tabelle zwischen 1961 (= 100) und 1976 dargestellt ist, haben in den 70er Jahren zehn eine fallende Tendenz (entweder absolute Abnahme oder geringere Wachstumsrate). Das Ausmaß dieses teilweise erheblichen Rückgangs der Erwerbstätigkeit in verschiedenen Angestelltenberufen basiert nicht allein auf dem deutlich geringeren gesamtwirtschaftlichen Wachstum der 70er Jahre, sondern hat daneben gravierende strukturelle Verschiebungen im Bereich der Informationsverarbeitung als Ursache. Durch EDV-Rationalisierungen kam es in diesem Jahrzehnt zu einem Personalabbau, der einmal die Arbeitsplatzverluste infolge der Einführung der EDV in den 60er Jahren weit übertraf und darüber hinaus durch den veränderten ökonomischen Gesamtrahmen zu technologischer Arbeitslosigkeit führt, da eine vollständige Absorption der entlassenen Beschäftigten durch neue Arbeitsplätze nicht mehr möglich ist. Wir werden diese Thesen im folgenden mit empirischem Material exemplarisch für einen Wirtschaftsbereich, den der Kreditinstitute, belegen. Zwei Gründe haben besonders dafür gesprochen, diesen Sektor herauszugreifen:

- In diesem Wirtschaftsbereich geht es im wesentlichen um Kopfarbeit von Angestellten, so daß die Rationalisierungsbemühungen der Kreditinstitute vor allem in der Automatisierung der Informationsverarbeitung liegen müssen. Insofern kommt hier der EDV insgesamt eine große Bedeutung zu.
- Im Gegensatz zu den produktiven Wirtschaftszweigen zeigt das Kreditwesen in den 70er Jahren kein abgeschwächtes Wachstum - die durchschnittliche jährliche Veränderungsrate der Bruttowertschöpfung für den Zeitraum 1975/70 läßt einen deutlichen Unterschied zum verarbeitenden Gewerbe oder zur Gesamtwirtschaft erkennen. Zwar ist bei der Größe »Bruttowertschöpfung der Kreditinstitute« der Bezug zu den tatsächlichen Arbeitsprozessen in diesem Bereich recht fiktiv, das Arbeitsvolumen (ausgedrückt beispielsweise in Zahlen für Geschäftsvorgänge) nahm aber ebenfalls beträchtlich zu. Strukturelle Beschäftigungsverschiebungen können infolgedessen als Wirkungen von technischen und organisatorischen Veränderungen im Arbeitsprozeß - hier also im besonderen durch EDV-Instrumente und -Verfahren - besonders gut isoliert werden.

Infolge der erheblichen Ausweitung des Arbeitsvolumens (vor allem durch die starke Zunahme im Massengeschäft - Expansion der Spar- und Girokonten infolge des bargeldlosen Zahlungsverkehrs, vor allem auch der unbaren Lohn- und Gehaltszahlungen, der diversen Prämienspargesetze, der Einführung des Eurochecksystems usw.) erhöhte sich die Zahl der Beschäftigten im Bereich der Kreditinstitute in den 60er und am Anfang der 70er Jahre beträchtlich (vgl. Tabelle). Da der Personalaufwand zwei Drittel bis drei Viertel der Betriebskosten bei Banken und Sparkasseninstituten ausmacht, wurde im Bereich des Kreditgewerbes schon frühzeitig in den 60er Jahren mit der Rationalisierung und Automatisierung verschiedener Massendatenverarbeitungsprozesse durch EDV begonnen.

Umfang und Organisationsform der angewandten EDV-Systeme bewirkten jedoch in den 60er Jahren nicht, daß die Personalausweitung gebremst wurde. Erhebliche Effektivitätsfortschritte wurden erst in den 70er Jahren durch den Einsatz von Terminals an verschiedenen Arbeitsplätzen (Kassierer, Kreditsachbearbeiter, Kundenberater u. a.) erzielt. Der arbeitsplatznahe EDV-Einsatz ist vor allem deswegen von Vorteil, weil Daten (z. B. Einzahlung auf ein Sparkonto, Einlösung eines Checks) in einer Filiale eines Kreditinstituts nach einer Erfassung/Eingabe mit Hilfe eines Terminals über eine Leitungsverbindung an ein zentrales EDV-System übermittelt und verarbeitet sowie nach der Verarbeitung in der betreffenden Zweigstelle ausgegeben werden können. Bei einer zentralisierten EDV-Abwicklung ohne Datenfernverarbeitung müssen dagegen Belege in der Zweigstelle gesammelt und zu bestimmten Zeiten zur Zentrale gebracht und hier auf einen EDV-gerechten Datenträger übertragen werden. Erst dann kann die Verarbeitung der Daten - in der Form der Stapelverarbeitung - durchgeführt werden. Neben dem offensichtlichen Zeitvorteil der Datenfernverarbeitung hat der Terminaleinsatz insbesondere folgende Wirkungen: früher notwendige Berechnungen und manuelle Eintragungen in den Zweigstellen werden jetzt maschinell durchgeführt, der Transport von Belegen und Datenträgern zwischen Bankfilialen und Zentrale entfällt weitgehend, die zentrale Datenerfassung in den Bankrechenzentren erübrigt sich zu einem großen Teil.

Weitere Rationalisierungsschritte vollzogen die Kreditinstitute in den 70er Jahren durch einen Ausbau des EDV-Datenträgeraustausches (meist in Form von Magnetbändern) zwischen den verschiedenen Geldinstituten, zwischen dem Kreditgewerbe und den Landeszentralbanken sowie zwischen Kreditinstituten und Unternehmen anderer Wirtschaftsbereiche. Auf diese Weise werden täglich Millionen von Überweisungen und Lastschriften automatisch verarbeitet. Ein weiterer Automatisierungsbaustein des Kreditgewerbes ist das EDV-gestützte Auslandszahlungsverkehrssystem S.W.I.F.T. (Society for Worldwide Interbank Financial Telecommunication). S.W.I.F.T. ist ein weltweites Datenfernübertragungsnetz - viele deutsche Geldinstitute sind seit 1977 an das Netz angeschlossen -, das den Auslandszahlungsverkehr automatisiert abwickelt.

Entwicklung einiger Größen für das Kreditgewerbe in der BRD (Quelle: Deutsche Bundesbank; Statistisches Bundesamt)

Jahr	Geschäftsvolumen der Kreditinstitute	Zahl der Zweigstellen der Kreditinstitute	abhängig Erwerbstätige im Bereich Kreditinstitute
	in Mio. DM	absolut	in Tausend
1966	498 379	24 599	345
1967	562 846	26 285	358
1968	648 258	28 394	373
1969	733 057	30 440	389
1970	817 861	32 251	410
1971	924 513	33 904	439
1972	1 060 335	35 387	459
1973	1 178 692	36 393	473
1974	1 297 414	37 078	488
1975	1 454 257	37 103	489
1976	1 596 107	37 254	490
1977	1 775 830	37 764	493
1978	1 988 174	38 181	499
1979	2 176 041	38 753	509
1980	2 351 260	39 311	-

Darüber hinaus bemüht man sich, durch Selbstbedienung der Kunden bestimmte Bankgeschäfte aus dem Arbeitsprozeß der Bankangestellten zu eliminieren. Ausdruck dieser Strategie ist beispielsweise der Einsatz von Geldautomaten, die on-line an zentrale Computersysteme angeschlossen sind und die Ausgabe von Bargeld erlauben. Daneben testet man in Pilotprojekten neue Medien, die u. a. auch dazu benutzt werden sollen, Bankgeschäfte zu Hause vor dem Fernsehapparat, der als Terminal fungiert, zu erledigen - wir kommen auf diese Medien noch später zu sprechen.

Der arbeitsplatznahe EDV-Einsatz mit Hilfe von Datenfernverarbeitungsnetzen sowie die Intensivierung des beleglosen Datenträgeraustausches hat die Effektivität der angewandten EDV-Verfahren im Kreditgewerbe soweit verbessert, daß sich seit 1974 bei gleicher Steigerung des Arbeitsvolumens wie in den Vorjahren die Zahl der Beschäftigten – die seit Anfang der 60er Jahre kontinuierlich wuchs – nicht mehr wesentlich erhöhte. Daraus kann geschlossen werden, daß durch verstärkte EDV-Investitionen in diesem Bereich Personal eingespart wurde; d. h. menschliche Informationsverarbeitung wurde mehr und mehr auf Computer übertragen. Ein Vorstandsmitglied der Deutschen Bank AG beschrieb dies in einem Interview 1976 mit folgenden Worten: »Durch die Einführung der Terminals wird mit Sicherheit keiner unserer Mitarbeiter seinen Arbeitsplatz verlieren. Wir haben noch heute einen Abschmelzprozeß, der sicher groß genug ist und auch künftig groß genug sein dürfte, eine von uns erwartete – sich jedoch erst im Verlauf der nächsten 10 Jahre ergebene – Personaleinsparung durch die übliche Fluktuation aufzufangen. Die Umstellung kann sich aber auch nur so auswirken, daß wir weiteren Neubedarf an Mitarbeitern verhindern. Auch das wäre letztlich ein Rationalisierungserfolg« (*db-aktuell*/ Deutsche BANK AG, Februar 1976). Die Steigerung des Arbeitsvolumens läßt keine neuen Arbeitsplätze entstehen, da die Effektivitätsfortschritte der EDV-Anwendung an den vorhandenen Arbeitsplätzen bei gleicher Beschäftigung eine Erhöhung der Zahl der Arbeitsvorgänge zulassen. Mit Beginn der 80er Jahre ist sogar über die Personalstagnation hinaus mit einem Beschäftigungsabbau zu rechnen, da durch Intensivierung von EDV-Verfahren die Personaleinsparungen immer größer werden.

Wie stark der Rationalisierungsdruck durch Computereinsatz im Dienstleistungsbereich in den nächsten Jahren werden kann, läßt ein Top-Manager der amerikanischen City Bank in einem Interview anklingen: »1974 haben wir uns das Ziel gesetzt, innerhalb von 4 Jahren unsere Kostenstruktur, die damals bei nahezu 100 % Personalkosten lag, so zu verändern, daß sie zu 90 % aus Maschinenkosten und nur zu 10 % aus Personalkosten besteht. Bis Ende 1976, also innerhalb von zwei Jahren, haben wir ein Verhältnis von 40 % Maschinen- und 60 % Personalkosten erreicht . . . Wir werden schon Ende 1977 bei 10 % Personalkosten angelangt sein. Wenn wir unsere New Yorker Verwaltungen und Filialen ganz auf elektronische textverarbeitende Kommunikation umgestellt haben, dann nehmen wir unser internationales Filialnetz vor. Und außerdem arbeiten wir mit an einem elektronischen Informations- und Kommunikationssystem, an das allmählich alle amerikanischen Banken angeschlossen werden, so wie jetzt schon alle Fluggesellschaften per Textverarbeitung miteinander elektronisch kommunizieren, und das wird dann ja auch für den internationalen Bankverkehr Folgen haben« (Zitat übernommen aus einer Co-Produktion WDR/NDR/SFB von Hans G. Helms: *»Menschenfreundliche Maschinen« revolutionieren die Bürowelt,* 1977). Die deutschen Kreditinstitute werden sich diesen Rationalisierungsmöglichkeiten nicht verschließen. Bei den Versicherungsunternehmen hat das Tempo der Rationalisierung seit Mitte der 70er Jahre schon eine solche Höhe erreicht, daß die automatisierungsbedingten Personaleinsparungen insgesamt zu einem absoluten Beschäftigungsabbau geführt haben (1974: 205 Tausend - 1979: 201 Tausend Erwerbstätige).

Die quantitativen Auswirkungen des Computereinsatzes bei Kreditinstituten bestätigen damit unsere eingangs aufgestellten Thesen:

- EDV-Anwendung hat erhebliche Personaleinsparungen zur Folge, die bei steigendem Arbeitsvolumen seit Mitte der 70er Jahre die Beschäftigtenzahlen stagnieren lassen. Die Abbaueffekte werden momentan noch durch Arbeitsausweitung so neutralisiert, daß es zu keiner technisch bedingten Arbeitslosigkeit kommt. Dieser Trend wird sich aber schon zu Beginn der 80er Jahre umkehren, so daß auch bei weiterer Ausdehnung des Geschäftsvolumens für das Kreditgewerbe die Beschäftigtenzahlen zurückgehen werden.
- Die Beschäftigtenentwicklung der Kreditinstitute - wie in der Zirkulationssphäre insgesamt - war in den 60er Jahren und bis zur Mitte der 70er Jahre durch eine ständige Schaffung neuer Arbeitsplätze geprägt. Dieser Prozeß hatte sich in steigenden Angestelltenzahlen widergespiegelt. So entstand vor allem durch die Erweiterung der Arbeitsplätze im Dienstleistungsbereich - neben dem

staatlichen Sektor - das Absorptionspotential für die entlassenen Beschäftigten im Bereich der produktiven Handarbeit (Rückgang der Zahl der Arbeiter zwischen 1961 und 1979: über 2 Millionen). Eine Rationalisierungsoffensive durch quantitativ und qualitativ gesteigerten EDV-Einsatz im Angestelltenbereich komprimierte aufgrund der veränderten ökonomischen Bedingungen in den 70er Jahren die Absorptionsfähigkeit neuer Arbeitsplätze - mit der Folge, daß jede Rationalisierung und Automatisierung im Bereich von Hand- und Kopfarbeit insgesamt (!) gesehen technologisch bedingte Arbeitslosigkeit zur Folge haben mußte. Die Expansion der Beschäftigtenzahlen in informationsverarbeitenden Berufen war infolgedessen auch Mitte der 70er Jahre beendet.

- In Bereichen, die entgegen der Wachstumstendenz des Kreditgewerbes stagnieren, bewirkt der zunehmende EDV-Einsatz Arbeitsplatzverluste, d. h. verstärkte Arbeitslosigkeit, da insgesamt keine »neuen« (d. h. zusätzlichen) Arbeitsplätze mehr entstehen. Ausdruck dieser Entwicklung ist die seit Mitte der 70er Jahre stark anwachsende Zahl der arbeitslosen Angestellten (vgl. Tabelle).

Entwicklung der arbeitslosen Angestellten in der BRD und ihres Anteils an der Arbeitslosigkeit insgesamt
(Quelle: Amtliche Nachrichten der Bundesanstalt für Arbeit, mehrere Jahrgänge und eigene Berechnung)

Ende des Monats September Jahr	Arbeitslose Angestellte absolut	Arbeitslosenanteil der Angestellten an Arbeitslosen insgesamt %
1967	64 310	18,9
1968	45 625	26,2
1969	33 009	32,8
1970	32 140	33,0
1971	44 962	30,6
1972	65 408	33,6
1973	86 158	39,3
1974	183 149	32,9
1975	340 218	33,8
1976	383 280	42,7
1977	381 581	41,8
1978	343 054	39,7
1979	299 013	40,6

Wir glauben, den erheblichen Beitrag der EDV zur Massenarbeitslosigkeit in den 70er Jahren - hier exemplarisch für die BRD - verdeutlicht zu haben. Wir können resümierend festhalten: Infolge der Substitution von Kopfarbeit diverser Angestelltentätigkeiten durch den Einsatz von Computersystemen kommt es in den 70er Jahren in starkem Maße zu Arbeitsplatzverlusten im Bereich der Informationsverarbeitung. Hier wurden in den 60er Jahren und bis Anfang der 70er Jahre einerseits viele Beschäftigte, die in produktiven Bereichen durch Rationalisierung und Automatisierung ihren Arbeitsplatz verloren hatten, von neuen Arbeitsplätzen absorbiert, andererseits führte die Erweiterung der Angestelltentätigkeiten zur bedeutenden Erhöhung der weiblichen Erwerbstätigkeit.

Infolge des rasant zunehmenden EDV-Einsatzes (von 1976 bis 1979 lag die jährliche Umsatzzuwachsrate der Computerindustrie etwa zwischen 10 und 30 %) - davon sind fast alle Wirtschaftsbereiche betroffen, neben Großbetrieben jetzt auch verstärkt Klein- und Mittelbetriebe - muß in den 80er Jahren mit einem erheblichen Rückgang der Beschäftigung gerechnet werden. Die Bürorationalisierung, die in den 70er Jahren in Angriff genommen wurde, wird durch weitere Investitionsmaßnahmen im Büro- und Verwaltungsbereich beträchtliche Effektivitätsfortschritte zur Folge haben, die bei unveränderter Wirtschafts-, Arbeitsmarkt- und Technologiepolitik zu Arbeitslosigkeit von Hunderttausenden von Beschäftigten führen werden. In einer Studie der Siemens AG (»Büro 1990«) kommt man zu dem Ergebnis, daß die Büroarbeitsplätze in der Bundesrepublik zu 43 % formalisierbar und zwischen 25 und 30 % automatisierbar sind. Laut Siemens »ist zu erwarten, daß der genannte Umfang der Automatisierbarkeit bis 1990 weitgehend ausgeschöpft wird« (zitiert nach Friedrichs 1978, S. 160). Zur Erfassung, Bearbeitung und Speicherung von Texten in der öffentlichen Verwaltung stellt man in der Untersuchung fest, daß ca. 40 % der heutigen Arbeitszeit durch Maschineneinsatz eingespart werden kann.

Die Aussagen des amerikanischen Computerfachmannes C. P. Lecht geben ebenfalls Hinweise auf die zukünftige Rationalisierungsoffensive: »Mit dem Einzug der Computer in den Büroetagen wird die weitere Entwicklung bereits vorgezeichnet. Jeder Automatisierungsprozeß zieht zwangsläufig weitere EDV-Investitionen nach sich - daß dadurch das Heer der Angestellten Federn lassen muß, liegt auf der Hand. Hier ist noch anzumerken, daß die EDV-Investitionen weltweit um einiges schneller steigen als die Wachstumsraten der Unternehmen selbst« (*Computerwoche*, 30. 6. 1978).

Passive Arbeit. Mikroelektronik in der Produktion

Die neuen technischen Möglichkeiten der Mikroelektronik, ihr rapide sinkendes Preis-Leistungsverhältnis, vor allem aber technisch-organisatorische Probleme der Prozeßautomatisierung haben auch hier das Rationalisierungsrad erneut in Schwung gebracht. Mit der direkten Steuerung von Prozessen durch einen zentralen Prozeßrechner wurde die Frage nach der Zuverlässigkeit von Computern zu einem entscheidenden Problem: denn bei Ausfall des Prozeßrechners gerät der Prozeß entweder außer Kontrolle oder er muß auf herkömmliche Art gesteuert werden. Man half sich zunächst damit, einen zweiten zusätzlichen Rechner zu installieren, der bei Ausfall des anderen dessen Aufgaben übernehmen konnte. Angesichts weiterer Probleme konnte dies aber schon aus Kostengründen keine dauerhafte Lösung sein. Als weiteres Problem trat die große Steigerung der Zahl der Meßfühler und Stellglieder hervor: Von 1950 bis 1970 hat sie sich beispielsweise bei Kraftwerken verzehnfacht, von 1970 bis 1975 noch einmal verdreifacht und lag 1975 bei etwa 3000.

Nur eine grundlegende Veränderung der Struktur des Automatisierungssystems vermochte diese Widersprüche zu überwinden: man ging von den bisherigen zentralen Prozeßrechnersystemen mit Sternstruktur zu »verteilten« Mikrorechnersystemen mit ringförmiger »Sammelleitung« über. Die Prozeßmikrorechner sind über eine sog. Sammelleitung

(Datenbus), über die die Datenübertragung erfolgt, verbunden. Einzelne, räumlich verteilte Mikroprozessorstationen steuern dabei jeweils einen Teilprozeß. Dank laufender Überwachung der Funktionstüchtigkeit kann eine Mikroprozessorstation im Störungsfall abgeschaltet werden und eine andere deren Funktion mit übernehmen (Heger u. a.).

Der Einsatz von »verteilten« Mikrorechner- und Datenbussystemen in der Prozeßautomatisierung hat eine erhebliche Einsparung von Arbeitskraft zur Folge. Dagegen wird die Erstellung und Wartung der Programme zur Prozeßautomatisierung trotz des Einsatzes von höheren Programmiersprachen mehr und mehr zum Engpaß, wie die folgende Tabelle zeigt:

Kostenstruktur der Prozeßautomatisierung
(Quelle: Laug)

Kostenanteile	1965	1970	1975	1980	1985
Hardware	40	25	15	10	8
Software	35	35	30	30	27
Software-Wartung	25	40	55	60	65
Insgesamt	100	100	100	100	100

Die Software-Kosten gliedern sich in Anteile von 40 % für Systemanalyse und Festlegung der Anforderungen, 10 % für Codierung und 50 % für Test (Laug u. a.). Daraus ist erkennbar, daß die Verwendung einer problemorientierten Programmiersprache (wie z. B. PEARL) allein nicht genügt, um dem Kostenwachstum für die Software-Erstellung entgegenzuwirken. Vielmehr muß das gesamte Spektrum der Ingenieurtätigkeiten in allen Phasen der Entwicklung eines Prozeßautomatisierungssystems (Systemanalyse, Entwurf, Implementierung, Test, Inbetriebnahme, Wartung) einer Rationalisierung unterzogen werden. Für diesen Zweck werden unter dem Sammelbegriff Software-Technik seit geraumer Zeit Hilfsmittel, Methoden und Verfahren entwickelt, mit denen - formalisiert und computerunterstützt - zuverlässigere sowie besser handhabbare und wartbare Software-Systeme entwickelt werden können. Durch das Vermeiden von Fehlern und Widersprüchen beim Entwurf, durch Aufzeigen der Auswirkungen von Systemänderungen und durch weitgehende Selbstdokumentation wird mit Hilfe von sog. Software-Entwurfsystemen der Aufwand für Entwurf und Wartung von Prozeßautomatisierungssystemen erheblich verringert (Biewald u. a.). Damit wird nun auch die analysierende und entwerfende Kopfarbeit von Ingenieuren einer drastischen Rationalisierung und teilweise Maschinisierung unterworfen: sie wird stark formalisiert, zum Teil automatisiert und insgesamt in ihrer Leistung gesteigert; und zugleich geht damit eine Verstärkung der Leistungskontrolle einher. Da sich derartige Hilfsmittel größtenteils noch in der Entwicklung und Erprobung befinden und noch nicht in aller Breite angewendet werden, lassen sich ihre Folgen für die Arbeit vorerst nur aus den Ursachen und der Logik der Entwicklung erschließen und noch nicht empirisch belegen.

Dagegen kann sich die Analyse der Auswirkungen von Prozeßrechnersystemen der zweiten Entwicklungsstufe auf die unmittelbare Produktion inzwischen auf empirische Befunde stützen. Der Übergang von der Anlageführung zur Meßwartentätigkeit infolge der Konzentration der Anzeige- und Bediengeräte in zentralen Leitständen hat zunächst positive Wirkungen, was die Qualifikation angeht. Erhaltung und Erweiterung der Kenntnis des Prozesses sowie technische Sensibilität aber auch Belastungen sind die Folge: etwa Abbau »schädigender« Umgebungseinflüsse. Der Personalabbau schlägt sich vor allem in einem hohen passiven Arbeitsanteil und in Erweiterungen der Zuständigkeitsbereiche nieder (Kern/Schuhmann, S. 115-124, 138-146, 158 ff.). Dabei werden allerdings die Beanspruchungen infolge der Unterforderung im Normalbetrieb und der Überforderung im Störfall unterschätzt. Ist folglich die herkömmliche Arbeit in Meßwarten gewissermaßen als Zwischenhoch der Arbeitssituation bei der Prozeßautomatisierung zu betrachten, so wendet sich die Lage mit dem Einsatz von Prozeßrechnern zur direkten Prozeßsteuerung zum Schlechteren. Durch weitgehende Übertragung der leittechnischen Funktionen auf den Computer konnte beispielsweise im Falle eines chemischen Prozesses das Wartenpersonal um 65 % verringert werden. Dabei war es nicht leicht, den Beschäftigten das notwendige Know-how zu entziehen. Als Folge ergab sich eine erhebliche Einengung des Handlungsspielraums und Gefährdung der Qualifikation (Mickler u. a., S. 219 ff.). Allgemein werden Struktur und Umfang der Besatzung sofort nach der Konzeption des Automatisierungssystems von den obersten Entscheidungsträgern festgelegt, die sich dabei allerdings in einem Dilemma befinden: Sollen einerseits Zahl und Qualifikation der Beschäftigten möglichst klein sein, so erfordert andererseits der sichere Betrieb der Anlage im Störfall hinreichende Qualifikationen für den Betrieb ohne Computer (um Stillstandskosten zu vermeiden). Zur Lösung dieses Dilemmas werden einige wenige Schlüsselarbeitsplätze mit hohen Qualifikationsanforderungen geschaffen, um bei den übrigen darauf verzichten zu können. Nach längerem Normallauf wurde zudem das ursprünglich eingesetzte Personal um 14–25 % reduziert (Mickler u. a., S. 308, 311 f., 327).

Gehen wir nun der Frage nach, wie sich in den 70er Jahren die EDV-Anwendung im Bereich der Fertigungstechnik entwickelt hat.

Automatisierung der Fertigung mit neuer Computertechnik: CNC, CAD/CAM

Wir haben schon oben darauf hingewiesen, daß der Einsatz von NC-Maschinen zu einer starken Zergliederung der Arbeitsaufgaben im Fertigungsprozeß führt. Infolge der Verlagerung vieler Aufgaben, die intellektuelle Fähigkeiten erfordern, in die Arbeitsvorbereitung bleiben für den, der an NC-Maschinen arbeitet, neben einigen untergeordneten Überwachungsaufgaben hauptsächlich manuelle und einseitige Teilarbeiten übrig, die ihm kaum noch Einfluß auf den Arbeitsablauf lassen. In der Arbeitsvorbereitung selbst hat sich unter dem Druck einer kostengünstigen NC-Programmierung eine weitere Arbeitsteilung herausgebildet, die je nach Art der Ausstattung mit Computerkapazität unterschiedlich ausgeprägt ist. Mit dieser Struktur des Fertigungssystems gerieten Anwender wie Hersteller zunehmend in einen Widerspruch: es ergaben sich Schwierigkeiten in der Zusammenarbeit zwischen Programmierern und Maschinenbedienern bei der Prüfung, Fehlerbeseitigung und Optimierung der Programme. Obwohl die NC-Technologie als

Vergegenständlichung taylorisierter Arbeit in der Fertigung dem Kapitalinteresse an Kontrolle und Unabhängigkeit von menschlicher Arbeit entspricht, lassen doch die Produktivitätsanforderungen oftmals den Wunsch nach vielfältigen Eingriffsmöglichkeiten in die Steuerung vor Ort aufkommen. Auf seiten der Hersteller haben zum einen die aufwendigen NC-Systeme zunehmend den Einstieg in die reichhaltigen Märkte kleiner und mittlerer Anwender erschwert, zum anderen hat die ständige Anpassung der Steuerungen an neue Anforderungen deren Entwicklung immer kostspieliger werden lassen (Warnecke). Zur Überwindung dieser Widersprüche bot auch hier die Mikroelektronik die geeignete Lösungsmöglichkeit. Als neue Entwicklungsstufe entstand die CNC (= Computer Numerical Control)-Technologie. Dabei konnte zum einen durch den Einbau von Mikrocomputern in die Steuerung deren Anpassung an unterschiedliche Anforderungen bei gleichbleibender Hardware durch Software erreicht werden, was die Kosten erheblich reduzierte. Zum anderen boten die eingebauten Mikrocomputer genügend Datenverarbeitungskapazität, um umfangreiche Eingriffs- und Korrekturmöglichkeiten bis hin zu einer vollständigen Programmierung vor Ort (Werkstattprogrammierung) realisieren zu können (vgl. Abbildung S. 114). Dabei bemüht man sich nun um eine möglichst einfache, symbolische Umsetzung der Informationen aus Zeichnung und Arbeitspapieren in die Steuerung, wobei der Computer Übersetzungs-, Berechnungs- und Speicherungsaufgaben übernimmt. Mit derartigen computergestützten Steuerungssystemen läßt sich grundsätzlich die Programmerstellung aus der Arbeitsvorbereitung in die Werkstatt zurückverlagern. Für die Maschinenbediener hat das den Vorteil, ihr Wissen und ihre Erfahrungen produktiv nutzen und ihre Qualifikation erhalten zu können. Für die Hersteller solcher CNC-Maschinen eröffnen sich ganz neue Marktchancen bei Anwendern, die bisher den kostspieligen technischen und organisatorischen Umstellungsschritt auf die NC-Technik gescheut haben. Hier ist ein regelrechter Durchbruch zu erwarten (Hammer).

Mit diesen Eigenschaften gerät die CNC-Technik jedoch in Widerspruch zu den Interessen der Unternehmensleitung, deren Streben gerade darauf gerichtet war, durch die Verlagerung der Programmierung in die Arbeitsvorbereitung die eigene Kontrolle über die Arbeit zu erhöhen und vom Geschick der Maschinenarbeiter unabhängig zu werden. Infolgedessen entspinnt sich zur Zeit eine heftige Auseinandersetzung um den Einsatz werkstattprogrammierbarer CNC-Maschinen, die teilweise groteske Züge annimmt: einerseits werden Eingriffsmöglichkeiten in die Steuerung unwirksam gemacht oder durch genaue Anweisungen unterlaufen, andererseits berichten Hersteller wie kleine Anwenderbetriebe von großen Produktivitätsfortschritten infolge Werkstattprogrammierung (Noble). Trotz dieser widersprüchlichen Einsatzbedingungen muß die CNC-Technik als Teil einer umfassenden Strategie des Managements zur vertikalen und horizontalen Verknüpfung der einzelnen Fertigungsbereiche gesehen werden. Mit dieser Strategie soll der Kapitalentfaltung unter den augenblicklichen Wandlungen der Weltmarktbeziehungen Rechnung getragen werden.

Verlagerung der Programmerstellung aus der Arbeitsvorbereitung an die Werkzeugmaschine

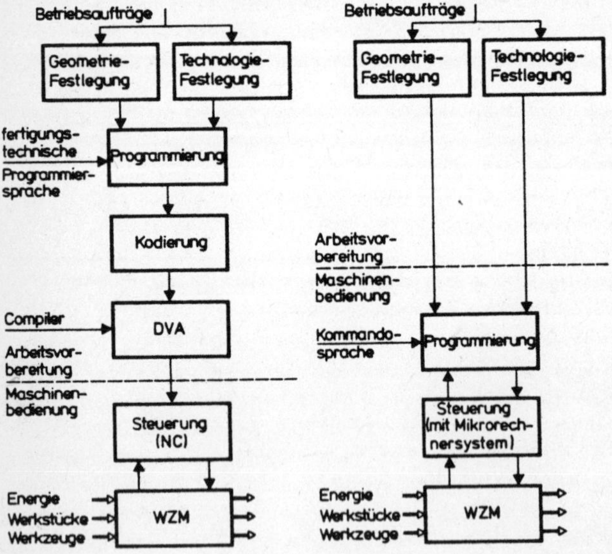

Durch zentrale Planung und zugleich dezentrale Ausführung der Fertigungsprozesse sowie durch deren flexible Automatisierung soll eine große Anpassungsfähigkeit an Marktveränderungen, ein Zuwachs an Unabhängigkeit vom Geschick und Können der Arbeitskräfte und eine verstärkte Kontrolle über die Produktion erreicht werden (Noble, Shaiken).

Als weiteres Beispiel für den Computereinsatz in der Fertigung zeigt die folgende Abbildung einen hierarchisch aufgebauten Rechnerverbund. Darin spiegeln sich die neueren Entwicklungsbestrebungen wider, die verschiedenen Teilbereiche der Fertigung (Konstruktion, Fertigungsplanung und -steuerung, Fertigung) in einem komplexen EDV-System zu integrieren. Auf diese Weise wird es möglich, bei den einzelnen Teilaufgaben auf die jeweils gleichen Grunddatenbestände zurückzugreifen und die durch die Betriebsdatenerfassung gewonnenen Daten für weitere Planung (Planungsrechner) und Steuerung (Leitrechner) rückzukoppeln. Die hierarchische Struktur hat auch hier den schon beschriebenen Zweck, den Aufwand für die Informationskanäle zu minimieren, die Kenntnis über den jeweiligen Zustand des Gesamtprozesses bei einer einzigen Stelle zu konzentrieren und die Auswirkungen von Störungen in der Regel auf einen begrenzten Teilbereich einzuschränken. Schon heute ist in Einzelfällen die Kette von der Beschreibung der Leistungsdaten als Eingabe in den Rechner über automatischen Entwurf, Zeichnungs- und Arbeitsplanerstellung bis hin zum NC-Programm geschlossen, ohne daß es des Eingriffs eines denkenden Kopfes oder einer geschickten Hand bedarf. Die horizontale Eingliederung geschieht mit Hilfe von Fertigungssteuerungssystemen, deren Aufgabe es ist, die zeitliche Reihenfolge der einzelnen auszuführenden Fertigungsvorgänge zu koordinieren und zu überwachen. Die vertikale Verknüpfung wird über die Kopplung der Werkstattbereiche mit übergeordneten Leitrechnern durch CAD/CAM (= Computer Aided Design/ Computer Aided Manufacturing)-Systeme verwirklicht.

So eindeutig diese technologischen Entwicklungen betrieben werden, um die Macht der Arbeiter zu schwächen, so lassen die Widersprüche zwischen Anspruch und Realisierung in der Praxis freilich Möglichkeiten der Einflußnahme

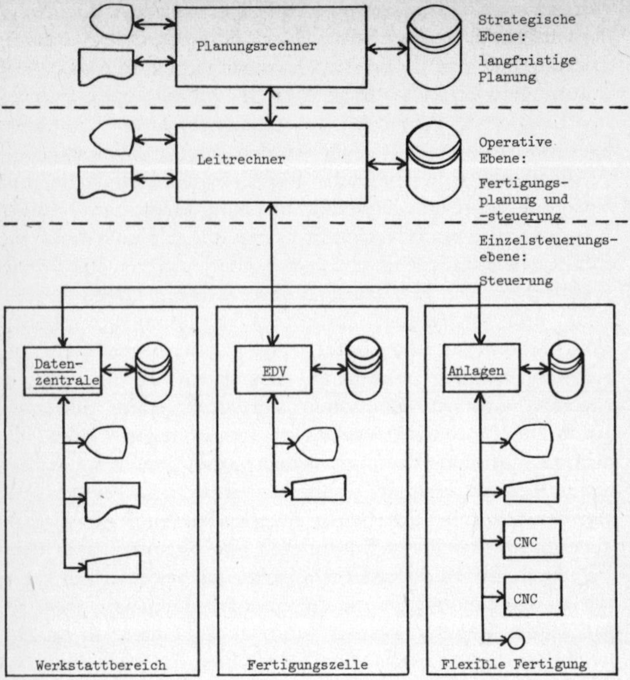

Hierarchisches Computerverbundsystem für die Produktion

offen. Letztlich ist es keine technische, sondern eine Frage der betrieblichen und gesellschaftlichen Kräfteverhältnisse, ob sich Qualifikationen und Handlungsspielräume durch veränderte Fertigungseinrichtungen und Arbeitsorganisationen (z. B. Werkstattprogrammierung, Fertigungsplanung und -steuerung in Arbeitsgruppen der Werkstatt) zurückgewinnen lassen.

Als nächste Software-Entwicklungsstufe hat man, mit staatlicher Unterstützung, versucht, das Konzept der »flexiblen Programmketten« zu realisieren. Es sieht vor, einzelne an Konstruktionsobjekten orientierte Programmketten aus bestimmten Gliedern (Modulen) zusammenzusetzen, die ihrerseits möglichst allgemein verwendbar sein sollen. Die Module operieren auf einer gemeinsamen Datenbasis, die sämtliche benötigten Daten enthalten muß. Die Realisierung dieses Konzepts erfordert daher die genaue Vereinbarung von Schnittstellen und Datenstrukturen (Bösch u. a.). Typische Beispiele für Standardmodule sind: Geometrieprogramme zur rechnerinternen Abbildung und Veränderung räumlicher Objekte und zur automatischen Ausgabe in verschiedenen Darstellungen, Programme zur Berechnung der statischen und dynamischen Festigkeit von Konstruktionsobjekten, technische Datenbanken zur Verbindung der Module einer Programmkette untereinander und mit der gemeinsam benutzten Datenbasis. Bislang liegen - zumindest für die Bundesrepublik - nur sehr wenige empirische Befunde zur Auswirkung des Einsatzes von CAD/CAM-Systemen auf Arbeit und Beschäftigung vor. Das mag auch damit zusammenhängen, daß diese Systeme erst an der Schwelle ihrer massiven Verbreitung stehen, die jedoch infolge der drastischen Preissenkungen für hochleistungsfähige Hardware und bei erfolgreicher Rationalisierung der Softwareerstellung in Kürze zu erwarten ist. Dennoch lassen sich heute schon einige Prognosen machen. Während in der technischen Literatur zur Darstellung und Propagierung der Vorzüge von CAD/CAM-Systemen sowie in den Werbeschriften der Hersteller zumeist das hohe Lied der »Befreiung des Menschen von geisttötenden Routineaufgaben« und der ungehinderten »Entfaltung seiner kreativen Kräfte« gesungen wird, sieht die Praxis ganz anders aus. Zwar reden die Verfechter vom höheren Abstraktionsvermögen oder der Konzentration auf die kreativen Tätigkeiten bei der Konstruktion und Planung und berücksichtigen damit immerhin die Angst der Konstrukteure vor der Entwertung ihrer Qualifikation. Eine genauere Betrachtung weist jedoch eher auf eine Polarisierung der Qualifikation mit erheblichen Dequalifizierungstendenzen für die meisten Konstrukteure hin.

Zunächst werden die CAD/CAM-Programmsysteme nämlich im wesentlichen von den Spezialisten in Forschungsinstituten, bei Software-Herstellern und Hardware-Anbietern erstellt, die ihrerseits wiederum den Rationalisierungsmethoden der Software-Technik unterliegen. Nur für einige wenige Ingenieure bestehen Qualifizierungschancen bei der Planung und Einführung von CAD/CAM-Systemen. Für die meisten Konstrukteure und Planer bedeuten diese dagegen den Verlust komplexer Arbeitsprozesse (z. B. Konstruieren und Berechnen) und verringerte Qualifikationsanforderungen. In den Worten des Leiters einer Abteilung für technische Berechnungen hört sich das so an: »Das Interesse der Konstrukteure für die Berechnungsmethoden ist sehr groß, da sie spüren, wie die komplizierten Berechnungstätigkeiten aus ihrem Arbeitsgebiet heraus verlagert werden und sie zu mehr oder weniger intelligenten technischen Zeichnern werden. Sie versuchen, die Dequalifizierung ihrer Arbeitsplätze durch Beschäftigung mit EDV und Berechnungsmethoden aufzuhalten« (zitiert nach Cooley 1978) - eine gewiß trügerische Hoffnung. Ein deutscher CAD-Spezialist klärt deutlich darüber auf, worum es beim Computereinsatz im Bereich der Konstruktion geht: »Betrachtet man den Rechnereinsatz weniger von der Konstruktionsmethodik als von der Ausführung einzelner Tätigkeiten aus, so benötigt der Konstrukteur einen Ersatz für das Zeichenbrett, den Rechenschieber oder Tischrechner, die Kataloge und den in seinem Kopf gespeicherten Erfahrungsschatz« (Wimatika 1979, S. 160).

Das höhere Abstraktionsvermögen beim Umgang mit Zahlen und Symbolen wie das erhöhte Konzentrationsvermögen stellen sich eher als erhöhte Arbeitsbelastungen denn als Höherqualifizierung heraus. Nicht die Anforderungen an Kreativität werden erhöht, sondern an die Fähigkeiten unter vom Rechner weitgehend vorgegebenen Alternativen schnell zu entscheiden. Experimente zeigen, daß diese Fähigkeit bereits nach zwei Stunden um 70 % reduziert ist. Auch die geringen Anlernzeiten (drei bis sechs Monate) für den Umgang mit CAD-Systemen sprechen gegen eine Höherqualifizierung. Bei den technischen Zeichnern sind die Konsequenzen noch drastischer: Werden sie nicht ganz aus ihrer Arbeit verdrängt, so werden sie meist auf eintönige Restarbeiten (umfangreiche Dateneingaben, Nachbesserung und Kontrolle automatisch erstellter Zeichnungen) beschränkt. Insgesamt sind die verschiedenen Tätigkeiten mit erhöhten Arbeitsbelastungen verbunden: Zu den teils schädigenden Belastungen von Bildschirmarbeit (Augen, Haltung, Konzentration) und der Isolation bei der Arbeit an CAD-Arbeitsplätzen kommen Leistungskontrolle und Termindruck hinzu. Mit anderen Worten, auch in der Konstruktion wird die Arbeitsintensität durch Computereinsatz erhöht. Schon werden die kapitalintensiven, interaktiven CAD-Arbeitsplätze unter weitgehender Auslegung von Gleitzeitregelungen weit über die normale Arbeitszeit hinaus besetzt - mit dem Ziel, allmählich vollen Schichtbetrieb einzuführen. Die erhöhte Mengenleistung rechnergestützter Konstruktionsarbeit (20 bis 30 %) hat Arbeitsplatzverluste vor allem bei Zeichnern und Technikern zur Folge, die bisher noch meist durch Fluktuation und Ausweitung der Konstruktionsaktivitäten aufgefangen werden konnten (Bechmann u. a.).

So wenig dramatisch solche Auswirkungen bisher sichtbar wurden, so deutlich zeichnen sich doch die mit dem verbreiteten Einsatz von CAD/CAM-Systemen zu erwartenden Folgen bereits ab. Die in Konstruktions- und Planungsbüros beschäftigten Ingenieure, Techniker und Zeichner erfahren insgesamt nicht das Glück der Entfaltung kreativer Potenzen und der Befreiung von monotoner Routinearbeit, sondern das Pech der reellen Unterordnung ihrer Arbeit unter die Kontrolle des Managements.

Computer und Staat

In der öffentlichen Verwaltung wird in erster Linie der Einsatz von ›Datenbanken‹ vorangetrieben. Für die BRD sind die im folgenden aufgeführten Informationssysteme die gegenwärtig wichtigsten und am weitesten ausgebauten:

- Das ›Bundeszentralregister‹ in Berlin (West), welches alle Straftaten in der Bundesrepublik personenbezogen speichert.
- Das Datenverarbeitungssystem des Kraftfahrt-Bundes-

amtes verwaltet die Daten der Kfz-Besitzer und ihrer Fahrzeuge und führt die »Verkehrssünderdatei«.

- Beim Bundesminister für Arbeit und Sozialordnung existiert eine sog. »Sozialdatenbank« über alle sozialversicherten Arbeitnehmer der BRD. Hier werden Informationen aus der Renten-, Kranken- und Unfallversicherung, der Bundesanstalt für Arbeit u. a. zusammengeführt.
- In verschiedenen Bundesländern ist in den 70er Jahren das Meldewesen in ein datenbankorientiertes »Automatisiertes Einwohnerwesen« umgestaltet worden. Dabei wurde ohne Rechtsgrundlage für über die Hälfte aller Bundesbürger ein computerorientiertes Identifizierungs- und Verknüpfungsmerkmal, das sog. Personenkennzeichen vergeben (vgl. Steinmüller 1979, S. 189). Dadurch ist man in der Lage, Daten über eine Person aus mehreren Datenkomplexen miteinander zu kombinieren.
- Im »nachrichtendienstlichen Informationssystem« (NADIS), welches das Bundesamt für Verfassungsschutz, die Landesämter für Verfassungsschutz, der Bundesnachrichtendienst, der militärische Abschirmdienst und die Staatsschutzabteilung des Bundeskriminalamts gemeinsam betreiben, werden alle Personen, die jemals in einer dieser Behörden aktenmäßig erfaßt worden sind, in einer Datenbank gespeichert. Neben persönlichen Daten wie beispielsweise Namen, Geburtstag, Geburtsort, Staatsangehörigkeit, Adressen, Telefonnummern, Kfz-Kennzeichen, Bankkontonummern u. a. werden Hinweise auf Akten, die in diesen Behörden angelegt sind, computerorientiert geführt. Über die Anzahl der gespeicherten Personen in den Computern des Geheimbereichs gibt es nur Vermutungen. Aufgrund von spärlichen Verlautbarungen aus dem Bundesinnenministerium bzw. des Bundesdatenschutzbeauftragten schätzen Experten, daß inzwischen Informationen über einen beträchtlichen Prozentsatz der Bevölkerung der BRD erfaßt sind: »Bei alledem scheint die Spekulation nicht abwegig, daß, Überschneidungen berücksichtigt, in den geheimen Datenbanken der Bundesrepublik schon heute Persönliches über acht bis neun Millionen Menschen registriert ist - über jeden fünften Erwachsenen« (Bölsche, S. 37).

Ein Computerverbund mit dezentralen on-line-Anschlüssen in diesen Behörden schafft einerseits die Voraussetzungen für die massenhafte Speicherung politischer personenbezogener Informationen (z. B. Schüler X ist Mitglied einer Kriegsdienstverweigerer-Gruppe, Studentin Y hat an dieser oder jener Demonstration teilgenommen, Gewerkschaftler Z hat eine »linksextreme« Zeitschrift abonniert) und andererseits die Möglichkeit zur millionenfachen Regelanfrage bei der Prüfung der Verfassungstreue von Bewerbern für den öffentlichen Dienst.

- Das polizeiliche Informationssystem »INPOL« (es wird im folgenden näher untersucht).

Polizei und Computer

Beim Bundeskriminalamt (BKA) wurde 1972 mit dem Aufbau eines »Informations- und Auskunftssystem der Polizei« (INPOL) begonnen. Es ist das heute am weitesten ausgebaute System dieser Art auf der Welt; es weist sogar - nach Aussage des ehemaligen BKA-Präsidenten Herold - »Züge der Einmaligkeit« auf. Im Gefolge des Kampfes gegen bewaffnete Gruppen ist, vor der Öffentlichkeit mehr oder weniger verborgen, in der BRD ein Informationssystem entstanden, das vielfältige Daten von über einem Achtel der Bürger zur Verfügung polizeilicher Organe bereitstellt. Es enthält sämtliche kriminalistisch bedeutsamen Daten über Straftäter und Verdachtspersonen (»Personendatei«). Im Jahr 1980 waren bereits acht Millionen Personalakten von Beschuldigten und Verdächtigen EDV-mäßig erfaßt (vgl. Küster, S. 18). EDV-technische Basis von INPOL ist ein Computerverbundsystem mit dezentralen on-line-Anschlüssen. Anfragen können z. Z. von 2300 Datenstationen - auch mobilen, drahtlos arbeitenden, z. B. bei Polizeidienststellen, an Grenzstationen, auf Flughäfen, beim Bundesgrenzschutz, in Polizeistreifenwagen - innerhalb der gesamten Bundesrepublik gestellt werden.

Neben der »Personendatei« des INPOL-Systems existieren bzw. werden schrittweise vor allem folgende Datenkomplexe aufgebaut (vgl. dazu insbesondere Bölsche, S. 24 ff):

- Ein zentraler Personenindex »ZPI«, der eine Kurzinformation darüber enthält, ob jemand gesucht bzw. inhaftiert

ist sowie Verweise auf die bei der Polizei geführten kriminalistischen Akten, Fingerabdrücke, Anschriften, Personenbeschreibung, Straftaten.
- Die Ermittlungsdatei »PIOS« - Personen, Institutionen, Objekte, Sachen - ermöglicht den Zugang zu über zehn Millionen Aktenseiten, vor allem aus dem Rauschgift- und Terrorismusbereich.
- Eine Fingerabdruckdatei mit über zwei Millionen erfaßten Personen.
- Eine Straftaten- und Straftäter-Datei »SSD«, mit der durch vielseitige Kombination eine kriminalistische Auswertung des Datenmaterials maschinell ermöglicht wird.

Über diese gespeicherten und on-line jederzeit verfügbaren Daten hinausgehend besteht zwischen INPOL und verschiedenen anderen computerorientierten Informationssystemen des Geheimbereichs ein weit vernetzter Datenverbund (vgl. Abbildung). Dabei können insbesondere Datenquellen verschiedener »Staatsschutz«-Institutionen (BfV, BND, MAD u. a.) sowie automatisierter Verwaltungsregister (Kraftfahrt-Bundesamt, Einwohnerwesen u. a.) polizeilich erschlossen werden. Aufgrund dieses in der Welt einmaligen Sicherheitssystems ist in der Tat die Frage zu stellen, wieweit »der Weg in den Überwachungsstaat« (Bölsche) schon beschritten ist? Vor allem die weitreichenden Datenübermittlungen, die im Rahmen sogenannter »Amtshilfe« zwischen verschiedenen staatlichen Stellen durchgeführt werden, sind verfassungsrechtlich bedenklich. Darüber hinaus sind die in den letzten Jahren bekanntgewordenen sogenannten »Rasterfahndungen« juristisch umstritten. Auf der Suche nach verdächtigen Personen wurden dabei Kundendatenbestände von örtlichen Elektrizitäts-, Gas- und Wasserwerken in vielen Großstädten - u. a. Hamburg, Berlin, Frankfurt, München - mit INPOL-Datenbanken nach verschiedenen Kriterien gerastert; Zehntausende von Bürgern wurden anhand bestimmter Eigenschaften (etwa Zahlungsweise, Zahlungsgewohnheiten), die sie mit gesuchten Personen gemeinsam hatten, überprüft.

Eine neue Qualität gewinnt die fortschreitende Computer-Überwachung der Bevölkerung durch die Einführung eines maschinenlesbaren Personalausweises vom 1. 10. 1981 an. Folgendes Szenario, das *Der Spiegel* dazu veröffentlichte, mag die Gefährdung von Grundrechten verdeutlichen:

Daten- und Computerverbund des Geheimbereichs (Quelle: Bölsche, S. 8)

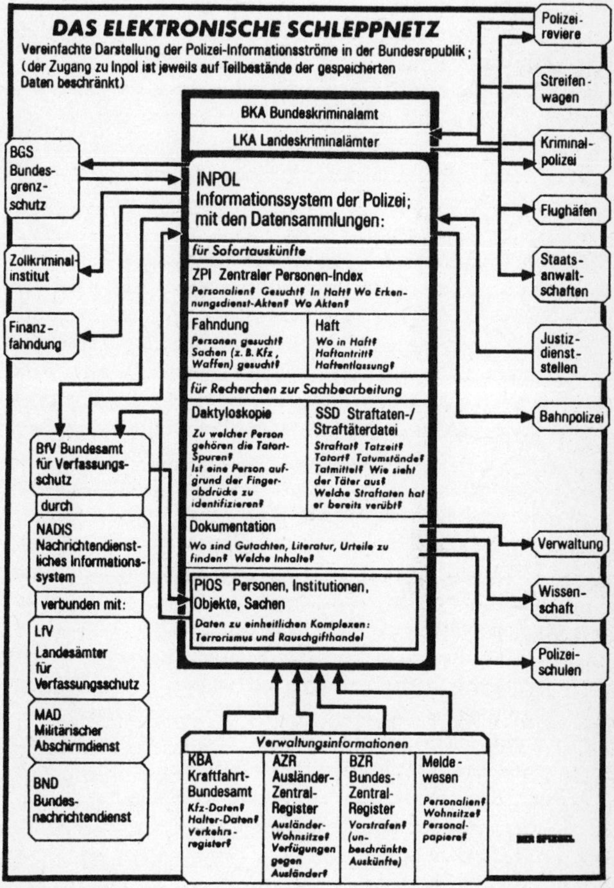

»1980: Neues Personalausweisgesetz . . .

1981: Neues Paßgesetz . . . , um auch die Reisepässe fälschungssicher und maschinenlesbar zu machen . . . ; ab etwa

1982: Einführung kompatibler maschinenlesbarer Ausweise und Pässe in anderen Staaten . . . ; ab etwa

1983: Kompatible Maschinenlesbarkeit für weitere Datenträger (Führerschein, Kfz-Schein, etc.).

1984: Verzicht auf markante Schritte auf dem gezeichneten Weg. Belesene Menschen könnten sich provoziert fühlen.

1987: Ende der fünfjährigen Umstellungszeit für Ausweise und Pässe. Jeder besitzt nun eines der maschinenlesbaren Ausweismedien. Es wird jetzt folgerichtig die Pflicht zur Mitführung verschärft, am besten durch eine Strafvorschrift, damit die verbesserte Situation voll genutzt werden kann . . ; ab

1987: Die Sicherheitsorgane verstärken Massen- und Dauerkontrollen von Bewegungen und Aktionen der Bürger. Mit den heutigen, den Bürger belästigenden Verfahren kann man nur recht begrenzte Kontrollen politisch durchsetzen . . . Ein maschinenlesbarer Ausweis dagegen läßt sich mit einem handgriffgroßen Lesegerät, in dem die Schrifterkennungs-Mikroelektronik steckt, lesen . . . . Der Ausweis wird in dieser schönen, nahen, sicheren Zukunft an Grenzen und bei Flügen, auch innerdeutschen, wohl immer gelesen werden, auch bei Kfz-Kontrollen und bei Polizeikontrollen in Zügen und in gefährdeten Bereichen wie Bahnhöfen, Flughäfen, Kasernennähe, Vergnügungsvierteln etc.

Das Auftreten gefährdeter Personen kann massenhaft Ausweis-Registrierungen oder -Prüfungen in deren Umgebung zur Folge haben. Versammlungen, ... kann man elegant erfassen; Demonstrationen, die vielleicht gewalttätig werden könnten, ebenso . . . .«

Abschließend bemerkt *Der Spiegel:* »Die Bundesrepublik: Wegbereiter des technisch perfektesten Sicherheitssystems der Welt!« (Nr. 5/1980, S. 74 ff).

Militärischer Einfluß auf die Computerentwicklung

Wir haben weiter oben schon die massiven staatlichen EDV-Förderungsmaßnahmen für den Ausbildungsbereich und die Computerindustrie in allen westlichen Industrieländern erwähnt. Diese Unterstützung wurde u. a. in den USA, Japan, Frankreich, Großbritannien und der Bundesrepublik durch staatliche finanzielle Anreize auf dem Gebiet der Mikroelektronik ergänzt. Vor allem wurde dabei Ende der siebziger Jahre die Entwicklung hochintegrierter Schaltkreise - Mikroprozessoren, Speicherelemente - in den einzelnen Staaten mit jeweils mehreren hundert Millionen DM gefördert. Die nächste »Generation« der Mikroelektronik, die ›Höchstintegration‹ (Very large scale integration/VLSI-Technik), wird nun wiederum in erster Linie durch militärischen Rüstungswahn vorangetrieben. Mit Hilfe verbesserter mikroelektronischer Computer will das Pentagon durch neue Waffensysteme strategische Überlegenheit sichern: »Erstmals finanziert das Pentagon jetzt deshalb direkt die privatwirtschaftliche Forschung auf diesem Gebiet, eigens gebildete Teams, in denen jeweils eine ›Denkfabrik‹ von Systemanalytikern, eine Halbleiterfirma, eine Gruppe von Hochschulwissenschaftlern und ein Rüstungskonzern zusammenarbeiten. Für 200 Millionen Dollar sollen sie bis Mitte des Jahrzehnts, als Ersatz für die bisher verwendeten spezialisierten Rechner und Prozessoren, eine Serie universell einsetzbarer Chips liefern, die - etwa für die Cruise missiles - auch noch besonders zuverlässig, robust und strahlungsunempfindlich sein müssen« (*Der Spiegel*, Nr. 33/1980, S. 140).

Schon haben Militärs und Rüstungsforschung ein weiteres Mal Sprache und Denken pervertiert und reden von »intelligenter Munition« bzw. »intelligenten Waffensystemen«. Die mit mikroelektronischen Computern ausgerüsteten »Marschflugkörper« (›Cruise Missiles‹), die im Tiefflug feindliche Radarsysteme überwinden können, sind offensichtlich der Beginn einer radikal neuen Waffentechnik - der computergesteuerten Menschenvernichtung. Mit diesem vorläufig letzten Entwicklungsschritt der Computertechnologie wird deutlich sichtbar, daß beginnend mit dem Einsatz der ersten Elektronenrechner Colossus und ENIAC in den

40er Jahren über die Anfänge der Mikroelektronik für Raketentechnik und Weltraumfahrt in den 60er Jahren bis zu den geplanten »intelligenten Waffensystemen« in diesem Jahrzehnt die Entwicklung der Computertechnik vornehmlich durch das militärische Interesse nach immer »sicherer« Vernichtung vorangetrieben wurde.

Tendenzen

In den vergangenen zehn Jahren hat in erster Linie die Datenfernverarbeitung der EDV viele neue Verwendungsbereiche erschlossen. Die Integration innerhalb der Datenverarbeitung - Datenbanken sind das charakteristische Merkmal dafür - war zunehmend von einer Kopplung von Computer- und Nachrichtentechnik begleitet. Daneben sind Daten- und Textverarbeitung im Zuge der schnellen Entwicklung der Mikroelektronik ebenfalls durch integrierte Anwendungen eng zusammengewachsen. Für die 80er Jahre ist nun darüber hinaus mit einer Integration verschiedener Informationstechnologien zu einer vernetzten Kommunikationstechnik der elektronischen Erfassung, Speicherung, Verarbeitung und Übertragung von Daten, Text, Sprache und Bildern zu rechnen. Für die Integration und Vernetzung verschiedener Informationstechnologien wie beispielsweise von Telefon, Telegrafie, Fernsehen, Satellitenübertragung, Videotechnik, Datenbanken etc. ist wiederum die Mikroelektronik Auslöser und Motor der Entwicklung. Mikrocomputer werden sowohl in den Netzknoten als auch in den verschiedenen Geräten eine zentrale Rolle spielen.

Zwei Beispiele, die weitreichende Folgen für Arbeitsmarkt und gesellschaftliche Kommunikation haben werden, sollen die angedeutete Entwicklungstendenz begründen. Wesentliche Zielscheibe der Rationalisierung von Unternehmen und öffentlicher Verwaltung wird in den nächsten zehn Jahren der Büro- und Verwaltungsbereich werden. Ein immer noch starkes Gefälle beim Investitionsvolumen je

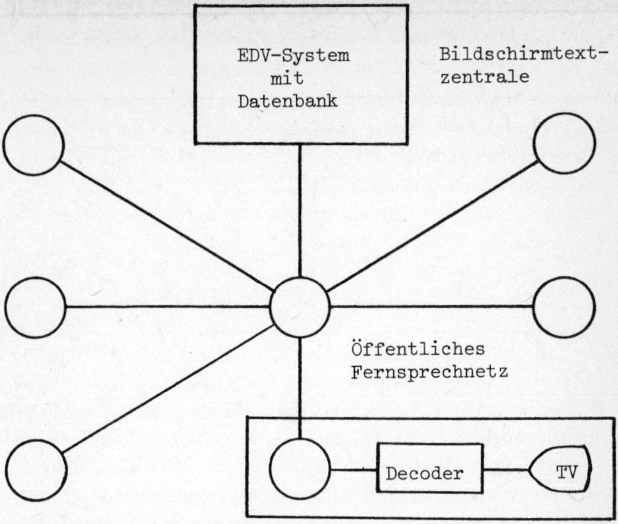

Integration mehrerer Informationstechnologien: Bildschirmtext (Fernseh-, Fernsprech- und Computertechnik)

Arbeitsplatz zwischen Verwaltungs- und Fertigungsbereich deutet die Zielrichtung künftiger Investitionsmaßnahmen an: die maschinelle Durchdringung weitgehend aller Bürotätigkeiten. Rationalisierungsreserven zwischen 20 und 75 Prozent - so z. B. die Siemensstudie »Büro 1990« - bei mündlicher und schriftlicher Verwaltungskommunikation bilden die Voraussetzung für das »Büro der Zukunft«. Welche Gestalt wird es annehmen?

Die Daten- und Textverarbeitung wird durch Ausweitung von bildschirmorientierten Computerarbeitsplätzen intensiviert; dabei wird durch erhöhte Vernetzung der Integrationsgrad des Daten- und Textverbundes immer weiter gesteigert. Übereinstimmend erwarten Experten für 1985 eine Zahl von über einer halben Million Terminal-Arbeitsplätzen. Die Daten- und Textkommunikation soll mit Hilfe eines integrierten Fernschreib- und Datennetzes der Deutschen Bundespost durch schnellere Übertragungsgeschwindigkeit und Kostensenkungen wesentlich verbessert werden. Die zukünftige technische Entwicklung im

Fernmeldewesen wird dabei durch »Digitalisierung« gekennzeichnet. Herkömmliche Kommunikationsformen der Datenübertragung und Telexverbindung werden um Fernkopieren und Bürofernschreiben (»elektronische Post«) ergänzt. Auf diese Weise können täglich ca. 10 Millionen Geschäftsbriefe elektronisch, d. h. ohne physischen Transport, übermittelt werden.

Sprachliche Bürokommunikation wird durch computerorientierte Fernsprechnebenstellenanlagen effektiviert werden. Kennzeichen dafür sind beispielsweise Wahlwiederholung und Anrufumleitung einerseits, Diktier- und Telefonkonferenzeinrichtungen sowie die automatische Registrierung der Gespräche andererseits. Darüber hinaus wird ab Mitte der 80er Jahre verstärkt die Spracheingabe für computerorientierte Daten- und Textverarbeitung einsetzen. Gerade diese Entwicklung wird verheerende Folgen auf die Arbeitsplätze haben. Auf dem Weg zum »papierlosen Büro« wird daneben die herkömmliche Dokumentation und Archivierung verstärkt durch Mikrofilmspeicherung ersetzt.

Mit Hilfe der Digitaltechnik wird man in der Lage sein, für Sprach-, Bild-, Text- und Datenkommunikation die gleichen Übertragungseinrichtungen zu benutzen. Die Integration der verschiedenen Informationstechnologien wird neben einheitlich standardisierten Datenübertragungsnetzen durch hierarchisch angeordnete Computersysteme hergestellt; beispielsweise durch eine Kopplung Großcomputer/Datenbank - Kommunikationsrechner - »intelligentes« Terminal mit Mikrocomputerkapazität. Neben einem starken Anwachsen von Computerverbundnetzen wird die EDV im nächsten Jahrzehnt vor allem durch zwei Entwicklungen verändert. Einmal werden durch Spracherkennung über mündliche Daten- und Texteingabe und damit durch den Wegfall der tastaturorientierten Erfassung (Schreibmaschinen, Bildschirmterminals) in großer Zahl Datenerfassungs- und Schreibtätigkeiten überflüssig. Daneben werden optische Datenspeicher magnetische Datenträger ersetzen. Dadurch werden zentralisierte Datenbanken zur Speicherung riesiger Informationsmengen möglich.

Wie Bildschirme zum Dreh- und Angelpunkt der neuen Kommunikationstechnik werden, zeigt ein zweites Beispiel.

Mit Hilfe einer Verzahnung verschiedener Informationstechniken hat die Deutsche Bundespost ein neues Kommunikationssystem realisiert - »Bildschirmtext«. Im Dreieck von Fernsehen, Telefon und Computer entsteht ein Medienverbund, der die gesellschaftliche Kommunikation ein weiteres Mal radikal verändert. Der Bildschirmtext-Teilnehmer verfügt mit Hilfe eines Fernsehapparates über ein eigenes Terminal, mit dem er sich durch ein Zusatzgerät sowie einen Fernsprechanschluß über das Bildschirmtextsystem an verschiedene Computer anschließen kann. Durch einen sogenannten Rückkanal kann der Bildschirmtextteilnehmer nicht nur Informationen aus einer Datenbank abrufen, sondern auch Daten eingeben bzw. im Dialog verarbeiten. Der volltechnisierte Alltag, das »verkabelte Leben«, könnte sich in naher Zukunft so entwickeln, »daß ein Kunde über die Elektronik Bestellungen vom Wohnzimmerstuhl aufgibt, statt sich in das Kaufhaus zu begeben; daß sich der Kontostand bei der Sparkasse direkt erfragen läßt, statt dort vorbeizuschauen; daß Ärzte Ferndiagnose und Ferntherapie leisten; daß Lernen am Bildschirm statt in der Schule stattfindet; daß sich die Regierung bei allen wichtigen und unwichtigen Entscheidungen per Knopfdruck des Wohlwollens ihrer Wählerschaft versichert« (Eurich, S. 46). Die Informationsmenge ist beim Bildschirmtext vom System her nicht begrenzt. Die vom Teilnehmer erwünschten Informationen stellen entweder Bildschirmtext-Zentralen selbst oder andere angeschlossene Computersysteme zur Verfügung.

Parallel zu diesem neuen Medium Bildschirmtext betreibt die Deutsche Bundespost den Aufbau eines neuen Nachrichtenübertragungsnetzes. Dieses Leitungsnetz erlaubt die »Breitbandkommunikation«, d. h. eine einheitliche Übertragung von Sprache (z. B. Telefon), Bild (z. B. Fernsehen), Text (z. B. Fernschreiben) und Daten (z. B. Datenfernverarbeitung). Diese Verkabelung wird sich in den 80er Jahren auf der Grundlage von optischen Lichtleitern anstelle der bislang verwendeten Kupferkabel vollziehen. Die Übertragungskapazität tausender Kupferdrähte wird durch einen haarfeinen Glasfaserdraht erreicht. Die Nachrichtenübermittlung erfolgt durch Lichtimpulse (gebündelte Laserstrahlen) - mit einem Lichtleiter können beispielsweise 20 000 Telefongespräche parallel übertragen werden. Diese Miniaturisierung auf dem Gebiet der Nachrichtentechnik hat ähnlich weitreichende Auswirkungen wie die Mikroelektronik für die Computertechnik.

Mit der Einführung des Breitbandnetzes eröffnen sich darüber hinaus neue Möglichkeiten für das Fernsehen: beispielsweise Kabelfernsehen, Satellitenfernsehen und die Einrichtung privatwirtschaftlicher Fernsehprogramme. Damit lassen sich vor allem drei Interessengruppen für eine schnelle und breite Einführung der »neuen Medien« in der BRD erkennen: die Elektro- und Informationstechnik-Industrie, Zeitungsverleger und Dienstleistungsunternehmen. Worum geht es: erstens um einen Markt von über 100 Milliarden DM für Investitionen im Bereich der »neuen Medien«, zweitens um die Aufweichung des öffentlich-rechtlichen Rundfunk- und Fernsehmonopols für private Zeitungsverleger, Medienkonzerne usw. und drittens um die massenhafte Durchsetzung von Verfahrensabläufen der »Selbstbedienung« - und damit den Wegfall von Angestelltentätigkeiten und Arbeitsplatzverlust - bei Kreditinstituten, Versicherungen, Reisebüros, öffentlicher Verwaltung etc. Der große Sprung in eine größtenteils technisch vermittelte Kommunikation und Informationsverarbeitung mit den hier kurz angedeuteten Folgen steht in der BRD wie in verschiedenen anderen westlichen Industriestaaten kurz bevor.

Der Computer ist nicht allmächtig. Handlungsmöglichkeiten

»Technischer Wandel«: die unmerkliche Gewalt

In den vorangegangenen Kapiteln über Ursachen, Verlauf und Wirkungen der EDV-Entwicklung haben wir versucht, die uns wesentlich erscheinenden Zusammenhänge und Tendenzen herauszuarbeiten. Diese Entwicklungstendenzen und -beziehungen, die auf den ersten Blick sehr ungebrochen erscheinen, dürfen aber nicht darüber hinwegtäuschen, daß die wirkliche Bewegung der EDV-Technologie in verschiedenen Unternehmen und Branchen ungleichzeitig, teilweise gegenläufig und insgesamt widersprüchlich verläuft. Das heißt z. B., daß es neben einigen wenigen, im Einsatz von komplexen EDV-Systemen weit fortgeschrittenen Unternehmen eine Vielzahl von Betrieben mit vergleichsweise einfacher Computeranwendung gibt. Während einzelne Firmen ihre Datenverarbeitungssysteme in strikter organisatorischer Trennung von den Anwendungsabteilungen als zentrale Einheit betreiben, sind andere zu einem interaktiven Dialogbetrieb übergegangen. Auch zwischen verschiedenen Wirtschaftszweigen wie im internationalen Vergleich gibt es deutliche Unterschiede etwa in der Dichte des Computereinsatzes.

Gegenläufige Erscheinungen lassen sich am Beispiel des Einsatzes von CNC-Maschinen beobachten. Werden diese Maschinen in einem Fall (z. B. in einem Großbetrieb mit vielen NC-Maschinen und CAD-Anwendungen) unter Befolgung tayloristischer Prinzipien der Trennung von Planung und Ausführung in der Arbeitsvorbereitung mit

Computerunterstützung programmiert, so werden im anderen Fall (z. B. in einem hochflexiblen Kleinbetrieb mit Facharbeitern und wenigen NC-Maschinen) die Programme vom Facharbeiter direkt an der Maschine erstellt. Ist für die Art des Einsatzes der CNC-Maschine im ersten Fall etwa die Kontrolle der Fertigung und die Unabhängigkeit von Facharbeiterqualifikationen maßgeblich, so mag im zweiten Fall der Erhalt der betrieblichen Flexibilität bei geringen Programmierkosten den Ausschlag geben. Auch die Tendenz der Polarisierung der Qualifikationsanforderungen muß als dynamischer Prozeß begriffen werden. Sind mit horizontaler und vertikaler Teilung der Arbeit erst einmal die Voraussetzungen dafür geschaffen, einfache und wiederholt auszuführende Arbeitsschritte durch Maschinen zu erledigen, deren Einsatz überwiegend geringe und nur zum kleineren Teil hohe Qualifikationsanforderungen stellt, so ist dieser Zustand erneut Ausgangspunkt weiterer Rationalisierungsbestrebungen. In dem Maße nämlich, in dem sich ein derartiges Qualifikationsprofil in den Betrieben verbreitet, verursachen gerade die hohen Qualifikationsanforderungen überdurchschnittlich hohe Kosten. Infolgedessen geraten nun die hochqualifizierten Tätigkeiten unter besonderen Rationalisierungsdruck und die weiteren technischen und organisatorischen Maßnahmen setzen überwiegend an diesem oberen Pol des Qualifikationsfeldes an, der jetzt selber einem Polarisierungsprozeß unterworfen wird. Die weiter oben in ihrer Entwicklung ausführlich beschriebene Arbeit der Herstellung von Software ist ein Beispiel für diese Polarisierungstendenz, die sich in dem Maße, in dem sie zur Geltung kommt, wieder aufhebt und sich auf höherer Qualifikationsstufe erneut durchsetzt.

Die Entwicklung des EDV-Einsatzes weist – wie auch die hier angeführten Beispiele zeigen – ferner darauf hin, daß das jeweils eingesetzte technische System noch keineswegs vollständig die dazu gehörende Arbeitsstruktur bestimmt. Vielmehr erfordert die reibungslose Funktionsweise der technischen Einrichtung lediglich bestimmte Elemente lebendiger Arbeit, die sich in bestimmten Grenzen auf unterschiedliche Weise zu mehr oder minder ganzheitlichen und mehr oder weniger belastenden Tätigkeiten zusammenfassen lassen.

Innerhalb des Zusammenhangs von Technik und Arbeitsorganisation unterliegt daher die Gestaltung von beiden den jeweiligen Bedingungen der Kapitalentfaltung. Die jeweils besonderen betrieblichen Verhältnisse bestimmen dabei das Spektrum der vorhandenen Qualifikationen, das innerbetriebliche Kräfteverhältnis und das Handeln eines Unternehmens (vgl. Altmann, S. 153 ff.). Die Vielfalt dieser Verhältnisse erklärt folglich auch die unterschiedlichen Erscheinungsformen der Entwicklung des EDV-Einsatzes. Im Hinblick auf die Handlungsmöglichkeiten der Betroffenen bieten diese Unterschiede - wie noch zu zeigen sein wird - einen Ansatzpunkt der Einflußnahme.

Trotz dieser Widersprüche im einzelnen ist das Kapital der allgemeinen Tendenz nach bislang insgesamt in mehrfacher Hinsicht gestärkt aus diesem technologischen Wandlungsprozeß hervorgegangen:

- Bei der Anwendung der EDV handelt es sich - eher zunehmend - um eine kapitalsparende Rationalisierung. Nimmt man das rapide fallende Preis/Leistungs-Verhältnis als Indikator, so ist dies bei der Computerhardware offensichtlich. Bei der Software war dagegen eine Tendenz zu höheren Kosten der Programme im Verhältnis zu ihrer Leistungsfähigkeit zu beobachten. Dank massiver Anstrengungen der Softwaretechnik dürfte sich diese gegenläufige Entwicklung schrittweise umkehren.
- Ließen die früheren technischen Mittel eine automatisierte Produktion nur bei großen Serien zu, so ermöglicht der Einsatz von Computersystemen zur produktionsbezogenen Informationsverarbeitung eine weitreichende Automatisierung auch bei kleinen Stückzahlen und großer Produktvielfalt (z. B. mit NC-Maschinen, CAD/CAM, flexiblen Fertigungssystemen, Industrieroboter etc.). Oft kann mit Hilfe dieser neuen technischen Mittel die Flexibilität der Produktion im Hinblick auf stark veränderliche Marktanforderungen entscheidend gesteigert werden.

Diese neuen technischen Instrumente erlauben es dem Kapital, gleich in zweifacher Hinsicht dem sich zunehmend verschärfenden Dilemma seiner Verwertung, dem Widerspruch zwischen Markt- und Produktionsökonomie zu entgehen. Auf der alten technischen Grundlage hatte der

Zwang zur Rationalisierung dazu geführt, daß die in großen Mengen nachgefragten Produkte der Grundstoff- und Konsumgüterindustrie über relativ starre Automatisierungseinrichtungen in großen Produktionsanlagen hergestellt werden mußten (z. B. Stahl, Automobile). Im Bereich der Investitionsgüterindustrie, die umgekehrt schon immer gezwungen war, ihre Produkte in Einzelfertigung oder in kleinen Serien herzustellen, bestanden auf der bisherigen technischen Basis wesentlich geringere Möglichkeiten der Rationalisierung. Die Marktanforderungen erzwingen hier eine eher zunehmende Flexibilität der Produktion, die bisher einen vergleichsweise geringen Automatisierungsgrad und hohen Anteil spezifischer lebendiger Arbeit bedingten.

In dieser für das Kapital zweifach nachteiligen Situation bringt der allgemeine Einsatz von Computersystemen, die sich für jede beliebige Aufgabe der produktionsbezogenen Informationsverarbeitung programmieren lassen, die entscheidende Wende: mit ihrer Hilfe lassen sich die der Produktionsökonomie unterliegenden Produktionsprozesse mit hoher technischer Zusammensetzung des Kapitals wesentlich flexibler gestalten und zugleich die der Marktökonomie unterworfene Herstellung von Investitionsgütern unter Erhalt der Anpassungsfähigkeit in erheblichem Maße automatisieren (vgl. auch Brandt u. a.).

- Auch auf der Ebene der konkreten Arbeitsprozesse sind infolge des EDV-Einsatzes einschneidende Veränderungen zu verzeichnen. Der Zuwachs instrumentalisierter Herrschaft und Kontrolle auf seiten des Managements sowie sein Informationsvorsprung bedingen ebenso wie der Verlust produktiven Wissens und der Abbau von Qualifikationen bei den Beschäftigten eine erhebliche Verschiebung der innerbetrieblichen Kräfteverhältnisse. Der Traum vieler Kopfarbeiter von einer neuen Machtelite der Technokraten entpuppt sich zunehmend als Illusion.

Diese qualitativen Verschiebungen der betrieblichen und gesellschaftlichen Kräfteverhältnisse - seien sie tatsächlich schon eingetreten oder zunächst nur im Hintergrund wirksam - dürfen nicht verwundern, sind sie doch das Ergebnis technologischer Veränderungen, die aus den gegebenen

Erfordernissen der Kapitalentfaltung hervorgegangen sind. So stellt sich die Frage, ob diese Veränderungen als unabwendbar hinzunehmen sind und welche Handlungsmöglichkeiten bestehen. Hat es überhaupt einen Sinn, auf die konkrete Gestaltung der Arbeit Einfluß zu nehmen oder ist der Versuch, der Entfremdung entgegenzuwirken, von vornherein verfehlt, stattdessen der Kampf um Ausdehnung der frei verfügbaren Zeit vorrangig?

Die Zähmung der Apparate

Wollen die, die mit Computern arbeiten, Einfluß auf ihre Arbeitssituation nehmen, so kommt es - angesichts der Geschwindigkeit der technologischen Entwicklung - zuerst einmal vor allem schlicht auf bessere Information an. Dazu ist es nötig, fortlaufend in allen Betriebsbereichen Informationen über die Einführung technischer Neuerungen zu beschaffen, gefährdete Bereiche festzustellen, die Einführungsstrategie des Unternehmens zu erkennen und im Hinblick auf Handlungsmöglichkeiten zu beurteilen. In aller Regel wird das Management versuchen, Informationen über geplante technische Neuerungen und arbeitsorganisatorische Veränderungen möglichst lange zurückzuhalten, nur rein technische Funktionsbeschreibungen zu liefern oder durch Überhäufung mit unwichtigen Einzelheiten von der Hauptsache abzulenken. Die nachstehenden unternehmerischen Handlungsmuster können als sichere Vorboten für Rationalisierungsschritte gelten:

- Durchführung von Organisationsanalysen. - Durch solche von internen Arbeitsgruppen oder externen Beratungsfirmen durchgeführte Analysen sollen rationalisierungsbedürftige Arbeitsbereiche festgestellt werden. Absichten und Ergebnisse werden durchweg als Arbeitserleichterungen für die Betroffenen gepriesen. Oftmals werden in einem ersten Schritt noch nicht die Einführung eines bestimmten Daten- oder Textverarbeitungssystems, sondern technisch-organisatorische Maßnahmen geringerer Tragweite empfohlen, die als notwendige Voraussetzungen für spätere, weitreichendere Schritte zu sehen sind (Beispiele: Teilung der Arbeit in Sekretariaten, Entwicklung von Formschreiben und Textbausteinkatalogen für automatisierte Textverarbeitung, Aufbau eines neuen Sachnummernsystems für CAD/CAM).

- Test- bzw. Piloteinsatz von Daten- oder Textverarbeitungssystemen. - Mit der Erklärung, das neue Arbeitssystem lediglich erproben zu wollen, wird ihm zum Teil der Schrecken des Neuen genommen, Schwachstellen können entdeckt und die innovatorischen Fähigkeiten der Betroffenen für ihre Beseitigung genutzt werden. Im Erfolgsfall lassen sich damit freilich auch die Mitwirkungsrechte zur »menschengerechten Arbeitsgestaltung« unterlaufen. Eine wichtige Variante dieser Strategie in größeren Unternehmen ist die, den Testlauf in einem anderen Betrieb oder Betriebsteil als dem eigentlich vorgesehenen durchzuführen; die günstigen Erfahrungen lassen sich dann leichter gegenüber den weniger günstigen herausstellen und für die Einführung des Systems nutzen.
- Überdimensionierung neuer Arbeitsstrukturen. - Werden während der Einführungsphase qualifizierte Beschäftigte in relativ großer Zahl eingesetzt, so kann ihr produktives Wissen für die Einführung und die Fehlerbeseitigung genutzt, ihr Elitebewußtsein gestärkt und können Hoffnungen anderer Beschäftigter auf Qualifizierung und Aufstiegschancen gefördert werden. In aller Regel entpuppen sich derartige Erwartungen als Illusion, spätestens dann, wenn sich diese Arbeitsstrukturen als für den Normallauf überdimensioniert erweisen und daher reduziert und in den Qualifikationsanforderungen verringert werden.
- Sicherung der Arbeitsplätze. - Mit dem Hinweis darauf, daß beim Unterlassen einer Rationalisierungsmaßnahme wie der Einführung eines EDV-Systems die Wettbewerbsfähigkeit des Unternehmens in Gefahr gerate, lassen sich viele Beschäftigte dazu treiben, das neue Arbeitssystem zu akzeptieren - statt, aufgrund bestehender Mitwirkungsrechte, auf dessen Gestaltung Einfluß zu nehmen.

- Steigerung der Leistungsanforderungen. - Steigen in einem Arbeitsbereich die Leistungsanforderungen (infolge Unterbesetzungen oder erhöhtem Arbeitsanfall) auf Dauer an und läßt sich die ständige Überforderung innerhalb des bestehenden technisch-organisatorischen Systems erkennbar nicht abbauen, so kann es passieren, daß die Betroffenen von sich aus Rationalisierungsmaßnahmen vorschlagen. Die schnelle Einführung eines bereits vorgeplanten neuen Arbeitssystems wird dann auf wenig Widerstände stoßen.

Die einzelnen Stufen dieses Rationalisierungsprozesses haben einige Betroffene aufgrund eigener Erfahrung als einen »Rationalisierung-Countdown« beschrieben; wir zitieren aus der *Frankfurter Rundschau* (21. 11. 1980):

»Die Autoren gehören einer bundesweiten ›Interessengemeinschaft der Computeure‹ an. Diese Gemeinschaft hat sich die Aus- und Fortbildung sowie die Verbesserung von Arbeitsbedingungen und Stärkung der Solidarität von EDV-Beschäftigten im gesamten Bundesgebiet zum Ziel gesetzt. Die meisten Mitglieder sind zwar auch in Gewerkschaften organisiert, doch sind sie der Meinung, daß ihre Probleme dort ›nicht so speziell behandelt werden, wie wir es für notwendig halten‹. Der ›Countdown‹ der Rationalisierung bei Einführung von EDV wird in der Zeitschrift der Interessengemeinschaft so geschildert:

I *Notwendige Vorarbeiten*

10. Arbeitsplatzanalysen: Arbeitsflußanalysen; Beschreibung - Bewertung des Arbeitsplatzes.

9. Erstellung von Arbeitsprofilen: Kommunikationsintensiv, speicherintensiv, Info-verarbeitungsintensiv.

8. Anwachsen der Terminarbeiten: Vorgabe von Stückzahlen, Zunahme von Überstunden bei einzelnen innerbetrieblichen Aushilfen, Bereitschaftsdienste.

7. Arbeitsumfang für einzelne wird Zug um Zug reduziert: Bisher komplexe Arbeitsfelder werden zerlegt, Kompetenzenabbau, Umsetzung in der eigenen Abteilung.

6. Einführung rechnergerechter Formulare: Ausschaltung von betrieblichen und persönlichen Sonderregelungen, Zunahme von Arbeitskontrollen, Arbeitsleistungen werden

kritisiert, Betriebsklima wird immer gespannter. Es hat ein breit angelegter Entsolidarisierungsprozeß eingesetzt.

II *Einsatz der (erweiterten) Anlage*

5. Es werden mehr Leute gebraucht: das alte und neue System laufen nebeneinander her. Häufig sind es Aushilfen, Leihkräfte oder Spezialisten (Probeläufe können evtl. auch woanders - z. B. beim Hersteller - stattfinden).

4. Abteilungen werden umorganisiert, evtl. zusammengelegt. Umbauten und Umzüge. Frei werdende Arbeitskräfte werden in noch nicht bearbeitete Bereiche versetzt (ohne Planstellen dort einzurichten). Sie erhöhen dort die Konkurrenz der Arbeitnehmer untereinander.

3. Einzelne werden zu Lehrgängen geschickt. ›Spezialisten‹ (Berufsfremde) werden eingestellt. Vor allen Dingen ältere Arbeitnehmer werden nicht umgeschult. Das mittlere ›Management‹ wird abgebaut.

2. Fluktuation wird nicht mehr ersetzt. Abteilungsübergreifende Arbeitsbereiche werden geschaffen (z. B. Schreibdienste, Auskünfte).

1. Überstunden hören auf, Springer und Aushilfen werden nicht mehr gebraucht. - Minderleister, Mißliebige scheiden aus (Kündigung aus persönlichen Gründen). Der Personalabbau ist schleichend.

0. Zwischen 30 bis 70 Prozent der Belegschaft ist in ca. zwei bis drei Jahren nach Beginn von Punkt 10 abgebaut (Bibliothekarsbereich in ca. 10 Jahren).«

Einführungsstrategien, die so oder ähnlich in Betrieben praktiziert wurden und werden, zielen darauf ab, Widerstände zu umgehen und auf diese Weise Reibungsverluste bei der technologischen Umstellung zu vermeiden. Allerdings gab es auch viele Fälle, in denen es den Betroffenen möglich war, bei Planung und Einführung von EDV-Systemen Einfluß zu nehmen und eine günstige Arbeitsgestaltung, wenigstens teilweise, durchzusetzen. Solche Erfahrungen gilt es zu nutzen und zu erweitern.

Dabei setzt eine erfolgreiche Gegenwehr der Betroffenen eine enge Zusammenarbeit zwischen Beschäftigten, gewerkschaftlichen Vertrauensleuten und Betriebsräten voraus. Eine gemeinsame Informationsbasis ist die Grundlage für alle weiteren Schritte. Darauf aufbauend können die mit der Einführung eines EDV-Systems verbundenen Gefährdungen (Qualität und Quantität der Arbeit) aufgezeigt werden. Dabei darf es keineswegs genügen, die unmittelbar sichtbaren Folgen der einzelnen Rationalisierungsmaßnahme darzustellen, vielmehr muß diese im Zusammenhang mit anderen, gleichzeitig anstehenden Maßnahmen und nicht nur vor dem Hintergrund der jetzigen, sondern vor allem auch der künftig zu erwartenden Arbeitssituation betrachtet werden. Gerade die universelle Eignung der EDV als Rationalisierungsinstrument erlaubt es oft, zunächst als Insellösung erscheinende Teilsysteme später auf weitere Arbeitsbereiche auszudehnen und zu einem übergeordneten Gesamtsystem zusammenzufassen.

Die in zunehmendem Maße als Baukasten entworfenen EDV-Systeme erleichtern die Ausbaufähigkeit erheblich, wobei negative Wirkungen auf die Beschäftigten oft erst in späteren Systemausbaustufen sichtbar werden.

Eine andere Ebene von Handlungsmöglichkeiten ist mit den arbeitsbezogenen Rechtsnormen, insbesondere dem Betriebsverfassungsgesetz bzw. den Personalvertretungsgesetzen gegeben. Wir beschränken uns hier auf einige wichtige Hinweise. Ein grundsätzlich, wenn auch schwer begehbarer Weg zum Schutz vor Nachteilen und zur Gestaltung der Arbeitssituation bei der Einführung und dem Betrieb von EDV-Systemen (Daten- und Textverarbeitung, Personalinformationssysteme, Bildschirmarbeitsplätze etc.) führt, gestützt auf § 75 (2) BetrVG (freie Entfaltung der Persönlichkeit), über den Abschluß von Betriebs- und Dienstvereinbarungen. Die §§ 80 (2) (allgemeine Unterrichtung), 90 (Unterrichtung und Beratung bei Gestaltung von Arbeitsplatz, Arbeitsablauf und Arbeitsumgebung), 92 (Personalplanung), 106 (Wirtschaftsausschuß) und 111 (Betriebsänderungen) BetrVG enthalten wesentliche Unterrichtungs- und Beratungsrechte für den Betriebsrat, die auch für den Fall der Einführung und Erweiterung von Computersystemen bedeutsam sind (vgl. Zusammenfassung S. 140 f). Dabei sind Zeitpunkt und Umfang der Unterrichtung (»rechtzeitig und umfassend«) regelmäßige Konfliktpunkte. Rechtzeitig kann nur bedeuten, daß Unterrichtung und Beratung während der ersten Vorüberlegungen, jedenfalls bevor erste bindende Entscheidungen gefallen sind, zu erfolgen haben.

Mitbestimmungsrechte sind in den §§ 87 und 91 BetrVG festgeschrieben; dabei ist insbesondere nach § 87 (1) die »Einführung und Anwendung von technischen Einrichtungen, die dazu bestimmt sind, das Verhalten oder die Leistung der Arbeitnehmer zu überwachen« mitbestimmungspflichtig. Diese wichtige Rechtsnorm ist grundsätzlich bei jeder Einführung und jeder hardware- sowie softwaremäßigen Umrüstung von Daten- und Textverarbeitungssystemen (einschließlich automatisierter Informationssysteme) sehr sorgfältig zu prüfen - erlauben doch die Eingabegeräte (Zeiterfassung, Kassen, Betriebsdatenerfassung, Bildschirmgeräte etc.), zusammen mit entsprechenden Programmen, sehr einfach eine weitestgehende Leistungskontrolle und Verhaltensüberwachung (z. B. durch automatisches Registrieren und Verarbeiten von Ein- und Ausschaltzeit, Anzahl der Betätigungen, Anzahl der Fehler usw.). Auch bei Personalinformationssystemen ist Vorsicht und eine genaue Prüfung (zusätzlich gestützt auf das Bundesdatenschutzgesetz) der Bestimmung der erfaßten Daten und der sie verarbeitenden Programme geboten, da hier immer die Gefahr einer Verhaltensüberwachung besteht. Bei der Beurteilung kommt es nicht auf die Absicht des Unternehmens, sondern allein auf die tatsächlichen Fähigkeiten des Systems an.

Informationspflichten des Arbeitgebers nach dem Betriebsverfassungsgesetz über Angelegenheiten der menschengerechten Gestaltung des Arbeitslebens
(Quelle: IG Metall, S. 20)

Auf Verlangen sind dem Betriebsrat vorzulegen (nach § 80 Abs. 2) alle zur Durchführung seiner Aufgaben erforderlichen Unterlagen. Hinweis: Der Betriebsrat, nicht der Arbeitgeber bestimmt, welche Unterlagen erforderlich sind.

Unaufgefordert sind dem Betriebsrat vorzulegen
- (nach § 90: Gestaltung von Arbeitsplatz, Arbeitsablauf, Arbeitsumgebung) Entwürfe von Maschinenkonstruktionen, Ausrüstung, Sicherheitsvorkehrung; Maschinendaten: Lärm, Laufgeschwindigkeit, Ausstoß, Taktzeit, Wartungsaufwand; Produktgestaltung; Arbeitsplatzbeschreibung (ergonomische Daten); Tätigkeitsbeschreibungen (Anforderungen); Baupläne:

Standorte der Fertigungseinrichtung (Bearbeitungsmaschinen und Fördereinrichtungen), Ausnutzung der Flächenkapazität, Anordnung der Betriebsmittel, Transportwege, Wende- und Ladeplätze

- (nach § 92 Abs. 1: Personalplanung) Stellenplan (Bestandszahlen, Planstellen); Stellenbesetzungsplan; Stellenbeschreibung; Anforderungsprofile der Stellen; Ausbildungsprofile; Lohn- und Gehaltsstatistik; Fluktuations- und Krankenstatistik; Absatz-, Produktions- und Investitionsentwicklung usw.
- (Nach §§ 99 Abs 1, 102 Abs 1, 100 Abs 2: Personelle Einzelmaßnahmen) Einstellungen; Eingruppierungen; Umgruppierungen; Versetzungen; Kündigungen
- (Nach §§ 106 Abs 3, 108 Abs 5, 111: Unterrichtung des Wirtschaftsausschusses bzw. Betriebsrats durch den Unternehmer über wirtschaftliche Angelegenheiten und Betriebsänderungen) insbesondere die wirtschaftliche und finanzielle Lage des Unternehmens; die Produktions- und Absatzlage; das Produktions- und Investitionsprogramm; Rationalisierungsvorhaben; Fabrikations- und Arbeitsmethoden, insbesondere die Einführung grundlegend neuer Arbeitsmethoden und Fertigungsverfahren; die Einschränkung oder Stillegung von Betrieben oder Betriebsteilen; der Zusammenschluß von Betrieben; die Änderung der Betriebsorganisation oder des Betriebszwecks; sonstige Vorgänge und Vorhaben, welche die Interessen der Arbeitnehmer des Unternehmens wesentlich berühren können; Jahresabschluß.

Verschiedene Gründe haben in der Vergangenheit dazu beigetragen, daß die bislang fast ausschließlich an Kapitalinteressen orientierte Entwicklung und Anwendung der EDV in der Öffentlichkeit und auch bei den Gewerkschaften lange unerkannt blieb. So lief die erste große Computereinsatzwelle Ende der 60er Jahre in der BRD parallel mit einem konjunkturellen Aufschwung. Die Einsparung von Arbeitskräften wurde kaum sichtbar, da Arbeitsplatzverluste an anderer Stelle ausgeglichen wurden. Massive Propagandakampagnen der Computerfirmen - der Marktführer IBM tat sich dabei besonders hervor -, die jahrelang die EDV zu einem Instrument der Beglückung der Beschäftigten stilisierten, konnten über den wahren Charakter der EDV als Rationalisierungs- und Herrschaftsinstrument hinwegtäuschen. Reale negative Folgen wurden wegen der vielen Möglichkeiten zum Arbeitsplatzwechsel kaum bewußt. Schließlich ließen die Produktivitätssteigerungen auch Reallohnerhöhungen zu.

Inzwischen ist jedoch - als Reflex auf verschärfte Verwertungsbedingungen und veränderte Kräfteverhältnisse - ein deutlicher Wandel in Bewußtsein und Strategie der Gewerkschaften eingetreten. So erklärt beispielsweise K.-H. Janzen im Vorstand der IG Metall zuständig für Technologiepolitik: »Die IG Metall wendet sich energisch gegen einen technischen ›Fortschritt‹, der die wesentlichen Bedürfnisse und Ansprüche der Arbeitnehmer außer acht läßt. Für uns ist die Technik dazu da, die Mühsal der menschlichen Existenz zu erleichtern, technischer Fortschritt darf nicht zum sozialen Rückschritt werden ... Zwei Ansatzpunkte sind hervorzuheben: Einmal muß der Schutz gegen die negativen Folgen der Rationalisierung erhöht werden. Zum anderen muß die Gestaltung zukünftiger Technologie und betrieblicher Organisation im Interesse der Arbeitnehmer aktiv beeinflußt werden. Bisher stand die Schutzfunktion im Vordergrund, sie wird auch weiterhin ein wichtiger Pfeiler unserer Politik bleiben. Zukünftig werden wir aber verstärkt Einfluß auf die Gestaltung neuer Technologien nehmen müssen.« *(Der Gewerkschafter,* 5/80, S. 2).

Was zunächst als breite Erörterung der negativen Folgen von Rationalisierungsmaßnahmen begann, führte spätestens mit der verbreiteten Einführung der Computertechnologie im Druckgewerbe zu einer vertieften Diskussion in den Gewerkschaften über die besonderen Auswirkungen der EDV-Automatisierung für Arbeit und Beschäftigung - drohte doch hier bereits das Absterben eines ganzen Berufsstandes als Folge des Computereinsatzes. Wesentliche Momente dieses Wandels - nicht nur Lohn und Leistung, sondern auch Arbeitsbedingungen tarifvertraglich zu regeln - sind die vielfach abgeschlossenen Rationalisierungsschutzabkommen, der Lohnrahmentarifvertrag II der Metallindustrie in Nordwürttemberg/Nordbaden (1973), der Tarifvertrag der Druckindustrie (1978), der Absicherungsvertrag gegen negative Folgen bei der Einführung von neuen Technologien der Metallindustrie (Baden-Württemberg, 1978) sowie die Beschlüsse des 11. ordentlichen DGB-Bundeskongresses und des Gewerkschaftstages der IG Metall zur Rationalisierung und Humanisierung des Arbeitslebens (1980), in denen die Bindung technisch-organisatorischer Veränderungen an soziale Kriterien gefordert wird.

Die bisher entwickelten Instrumente des Rationalisierungsschutzes müssen dabei eher kritisch gesehen werden.

Da sie im wesentlichen auf eine soziale Abfederung von Lohneinbußen und des Verlustes des alten Arbeitsplatzes als Folge von Rationalisierungsmaßnahmen hinauslaufen, verursachen sie für das Unternehmen Kosten. Sie tragen daher erneut zum Aufbau eines verschärften Rationalisierungsdruckes bei. Die Arbeitnehmer geraten so in einen Teufelskreis, dem sie letztlich nicht entrinnen, vor dessen negativen Folgen sie nur teilweise und vorübergehend geschützt sind. Außerdem werden wichtige Arbeitsbedingungen wie Arbeitsbelastungen und Arbeitsintensität und deren Veränderungen gar nicht erfaßt. Daher sind diese Instrumente des Rationalisierungsschutzes unzureichend.

Vielmehr muß sich der Widerstand verstärkt auf tarifvertragliche und gesetzliche Regelungen ausrichten, die von vornherein eine Einflußnahme der Betroffenen auf technisch-organisatorische Veränderungen ermöglichen. Zwar wird diese Grundforderung nicht leicht durchzusetzen sein, berührt sie doch eine erklärte Tabuzone der Unternehmensinteressen. Dennoch ist es ein nur zu berechtigtes Anliegen der Beschäftigten, schon in der Planung mitzubestimmen. Nachträgliche Reparaturmaßnahmen und bloße Beratungsrechte reichen - wie die Erfahrungen mit dem geltenden Recht zeigen - nicht aus. So sind an eine Novellierung des Betriebsverfassungsgesetzes und des Datenschutzgesetzes folgende Forderungen zu stellen:

- Ausbau der Mitbestimmungsrechte bei der Planung von Arbeitssystemen (z. B. bei der Festlegung von Pflichtenheften; der Gestaltung von Arbeitsplatz, Arbeitsablauf und Arbeitsumgebung; bei Personalplanungsmaßnahmen). Im Zuge der bisherigen EDV-Entwicklung und -Anwendung haben sich die Arbeitsbedingungen (Belastungen, Arbeitsinhalt, Qualifikation) überwiegend verschlechtert. Demgegenüber haben die Beschäftigten einen grundgesetzlich verbrieften Anspruch auf Unversehrtheit und freie Entfaltung der Persönlichkeit, d. h. bei der Arbeit auf Abbau schädigender Belastungen und Vergrößerung der Handlungsspielräume, dem nur durch ihre Beteiligung im einzelnen Geltung verschafft werden kann. Gerade EDV-Systeme könnten infolge der zunehmenden Bedeutung der Software wachsende Gestaltungsspielräume bieten.

- Ausbau des Inspektionsrechts von Computersystemen durch den Betriebsrat bzw. einen Sachverständigen seines Vertrauens. Gerade wegen der leichten Veränderbarkeit von Daten und Programmen in einem EDV-System kann den damit verbundenen außerordentlichen Gefahren mißbräuchlicher Nutzung und einseitiger Informationsmonopole allein durch eine vollständige Transparenz begegnet werden. In der Gestalt eines Daten-Vertrauensmannes wurde beispielsweise in Norwegen eine wichtige Position geschaffen.

Maßnahmen zur menschengerechten Arbeitsgestaltung und des Rationalisierungsschutzes würden allerdings für sich allein genommen den Unternehmern eine Lücke lassen, durch die sie die Flucht nach vorn antreten könnten, wenn es den Lohnabhängigen nicht zugleich gelingt, auf Arbeitszeit und Arbeitsintensität wesentlichen Einfluß zu nehmen. Ohne hier auf das Für und Wider der verschiedenen Alternativen von Arbeitszeitverkürzung einzugehen, gilt es in erster Linie die durch technischen Wandel drastischen Einsparungen notwendiger Arbeit unverzüglich als Arbeitszeitverkürzung zu verteilen und dabei die Arbeitsintensität zu kontrollieren.

Darüber hinaus ist insbesondere die Vergabe staatlicher Förderung und die Subventionierung von EDV-Projekten davon abhängig zu machen, ob diese an Humanisierungserfordernissen der Arbeitswelt orientiert sind. Dazu ist es notwendig, daß Gewerkschaften in den entsprechenden Fachausschüssen des Forschungsministeriums beteiligt werden. Auf betrieblicher Ebene muß daneben die Mitbestimmung der Betriebsräte während der gesamten Dauer von staatlich geförderten Projekten geregelt werden.

Auf einer ganz anderen, der strategischen Ebene setzen die folgenden Überlegungen an. Wie gezeigt wurde, dringt mit der EDV die Automatisierung und mit ihr eine weitreichende Trennung von Hand- und Kopfarbeit in die Domäne der Einzel- und Kleinserienfertigung ein und trifft die hier traditionell tätigen Facharbeiter und qualifiziert Angelernten, die wiederum die Stammitgliedschaft vor allem der IG Metall ausmachen. Darüber hinaus kann die nunmehr mögliche flexibel automatisierte Produktion bei kleinen Serien sowie die erhöhte Flexibilität bisher starr automatisierter Fertigung einen starken Abbau von Fremdfertigung (»verlängerte Werkbänke«) mit erheblichen Beschäftigungseinbußen zur Folge haben. Zusammen mit dem schnell fortschreitenden Prozeß der Polarisierung der Qualifikationsanforderungen trifft das zumindest diese Gewerkschaft ins Mark (wie übrigens schon vor ihr die IG Druck und Papier).

Dazu kommt jedoch, daß die EDV inzwischen auch die Kopfarbeit der in Konstruktion und Fertigungsplanung tätigen Ingenieure erfaßt. Die verschlechterten Bedingungen ihrer entfremdeten, zerstückelten und als Anhängsel der Maschine verrichteten Arbeit bringen sie tendenziell in eine ähnliche Lage wie die Handwerker und Facharbeiter zuvor. So sehr die Entwicklung zunächst eine Schwächung gewerkschaftlicher Macht anzeigen mag, so große Chancen einer neuen Festigung birgt diese zugleich unter längerfristiger Perspektive: Die Vereinigung von Hand- und Kopfarbeitern, zuvor im kapitalistischen Produktionsprozeß getrennt. Die Tatsache, daß etwa in der britischen Metallarbeitergewerkschaft AUEW unter insgesamt 1,5 Mio. Mitgliedern bereits 180 000 Ingenieure und Techniker organisiert sind, ist kein Zufall, sondern Bestätigung und Modell. Die objektive Lage ist für Hand- und Kopfarbeit in der Perspektive gleich: Worauf es ankommt, ist die subjektive Bereitschaft, aufeinander zuzugehen.

Informationsmonopol als Hemmnis

In den 70er Jahren wuchs die Bedeutung computergestützter Informationssysteme in Industriebetrieben, verschiedenen Dienstleistungsbereichen und beim Staat. Bei diesen, an einer Datenbank orientierten EDV-Systemen wird die Speicherung umfangreicher Datenbestände im Verhältnis zu rechentechnischen Aufgabenstellungen zunehmend wichtiger. In der Regel haben eine Vielzahl von Benutzern Zugriff auf diese Datenbestände mit der Möglichkeit, Daten zu ändern, herauszusuchen oder zu sortieren. Da diese Anwender, die örtlich voneinander entfernt und in unterschiedlichen Funktionszusammenhängen arbeiten, über Computer Informationen austauschen, führen diese Systeme immer stärker zu ausschließlich technisch vermittelter Kommunikation. Mit anderen Worten, die Instrumente der EDV verlieren ihren Charakter als individuell nutzbare »Denkverstärker« und verwandeln sich in ein gesellschaftliches Kommunikationsmedium: »Das Besondere und Neuartige an diesem Medium ist zunächst, daß es die bisher getrennten Funktionen herkömmlicher Medien in sich vereint: es leistet die Übertragung, Speicherung und Vervielfältigung von Nachrichten, aber auch deren Verknüpfung, Umformung und gezielte Verteilung; und es leistet dies in zuvor unvorstellbarer Geschwindigkeit, Menge und Präzision« (Genrich).

Vollends deutlich wird diese neue Qualität an heute kurz vor der Verbreitung stehenden Massenkommunikationsmedien, wie beispielsweise dem »Bildschirmtext«. Durch dieses

System wird mittels eines um ein Zusatzgerät erweiterten Heimfernsehapparates und des Telefonnetzes für jedermann der Zugriff auf Datenbanken von Kreditinstituten, Versandhausunternehmen, öffentlicher Verwaltung usw. möglich. Diese technisch vermittelten Kommunikationsformen werden von großer Tragweite sein. Daher einige grundsätzliche Überlegungen zu diesem Komplex.

In der aktiven Auseinandersetzung mit der Natur und der Kooperation mit anderen Individuen nimmt der Mensch durch seine Sinnesorgane die ihn umgebende Außenwelt wahr. Die aufgenommene Information wird durch sein Zentralnervensystem koordiniert, gespeichert und verarbeitet. Schließlich bewirkt diese Information die daraufhin in Gang gesetzten Handlungen, die ihrerseits die Außenwelt verändern. Um es mit den Worten Norbert Wieners zu sagen: »Information ist also ein Name für den Inhalt dessen, was mit der äußeren Welt ausgetauscht wird, wenn wir uns ihr anpassen und sie dies spüren lassen. Der Vorgang des Empfangens und Gebrauchens von Information ist der Vorgang unserer Anpassung an die Außenwelt und unseres tätigen Lebens in dieser. Die Notwendigkeiten des modernen Lebens stellen in ihrer Vielfalt größere Anforderungen an diesen Informationsvorgang als zuvor, und unsere Presse, unsere Museen, unsere Forschungslaboratorien und Universitäten, unsere Bibliotheken und Lehrbücher sind entwickelt worden, um den Notwendigkeiten dieses Vorgangs zu entsprechen. Tätig leben heißt mit angemessener Information leben« (Wiener, 1966, S. 114).

In diesem Zusammenspiel von Gesellschaft, Kommunikation und Bewußtsein liegt die prekäre Problematik der EDV als Kommunikationsmedium begründet: Wie schon gezeigt wurde, sind die für verschiedene Zwecke entwickelten Datenverarbeitungssysteme wesentlich durch die den jeweiligen Zwecken zugrunde liegende Interessenlage geprägt.

Erstens sind Datenbanken als Informationssysteme auf allen Ebenen - Hardware, Software, Organisation - ihrer Funktion nach zentral bzw. hierarchisch strukturiert, auch wenn sie räumlich weit verteilt sind. Zunächst besteht diese hierarchische Struktur auf der Ebene der Hardware aus

Gründen der Funktionssicherheit und der Aufwandsminimierung. Auf der Betriebssystemebene werden die verschiedenen Terminals oder auch Teilnehmer in Klassen eingeteilt, die im Hinblick auf die verschiedenen Möglichkeiten des Zugangs zu den Funktionsbereichen - insbesondere Speicherbereichen - des Datenverarbeitungssystems eine Rangfolge bilden. Bei der Anwendersoftware läßt sich die Rangfolge der Zugriffsmöglichkeiten weiter aufschlüsseln. Schließlich werden bei der organisatorischen Eingliederung des Datenbanksystems in die Arbeitsorganisation die Rechte und Pflichten der einzelnen Benutzergruppen in ihrer Gewichtung unterschiedlich geregelt.

Der Sinn einer derart zentralisierten Struktur von Datenbanken liegt neben einigen technischen Erleichterungen vor allem in der Wirkung auf die Teilnehmer: Der jeweils einer bestimmten Rangfolge zugeordnete Benutzer hat Zugriff auf die seinem Rang entsprechenden Funktionsbereiche (gespeicherte Daten und Programme, periphere Geräte) sowie auch auf alle Funktionsbereiche der nachrangigen, nicht aber der höherrangigen Teilnehmerklassen (vgl. Abbildung).

In dieser Struktur bildet sich genau die Hierarchie der Positionen in Unternehmen und Bürokratie ab. Aufgrund dieser Strukturähnlichkeit gelten freilich die von der neuen Organisationssoziologie erarbeiteten Erkenntnisse auch für derart strukturierte Datenbanksysteme: Mit zunehmender Vergesellschaftung der Arbeit - d. h. hier der Aufgabenstellung und des Benutzerkreises - wird eine streng hierarchische Struktur wegen der notwendigen Zunahme der Kommunikationsbeziehungen auf gleicher Rangstufe in wachsendem Maße disfunktional und damit kontraproduktiv. Bei Datenbanken resultiert diese Disfunktionalität unter anderem aus der Redundanz der im Laufe der Zeit gespeicherten Datenbestände und der Unvollständigkeit der Beantwortung der von den niederrangigen Teilnehmern gestellten Anfragen. Das zweite, mit dem ersten eng zusammenhängende Kennzeichen ist die Monopolisierung von Datenbeständen, die eine private Aneignung nicht nur möglich macht, sondern dies dem Besitzer auch nutzbringend erscheinen läßt. Die Monopolisierung von Wissen ist an sich keine neue Erscheinung und eng mit der Entfaltung des Handelskapitals verknüpft; die schon seit langem bestehende Patent- und Urheberrechtsgesetzgebung sowie die unzähligen Geheimhaltungsvorschriften - in denen beispielsweise die Venezianer Meister waren - bezeugen dies. Durch die private Aneignung von Informationen bzw. Daten werden diese zur Ware; ihr Wert bestimmt sich wie der jeder anderen Ware nach dem Arbeitsaufwand für ihre Gewinnung bzw. Erfassung. Mit der Einrichtung von umfangreichen Dateien und Datenbanken kommt der Handel mit Daten allerdings erst richtig in Schwung.

Der durch die Monopolisierung herbeigeführte Warencharakter der Information steht jedoch in direktem Widerspruch zu ihrer wichtigsten Eigenschaft: Während es notwendige Voraussetzung für den Äquivalententausch ist, daß die dem Tausch unterliegenden Waren durch den Tauschvorgang ihre Eigenschaften in keiner Weise verändern, hat die Information gerade die Eigenschaft, daß der Informationsgehalt in jeder Verbreitung, also mit jedem Tauschakt abnimmt. Folglich sinkt der Wert eines Datenbestandes für alle Besitzer um so mehr, je öfter er gehandelt wird. Für den einzelnen Datenbesitzer ergibt sich daraus unter dem Gesichtspunkt der Werterhaltung ein Zwang zu strenger Reglementierung des Datentausches, um den Grad der Monopolisierung möglichst aufrechtzuerhalten.

Zusammenhang zwischen Datenbank- und Organisationsstruktur

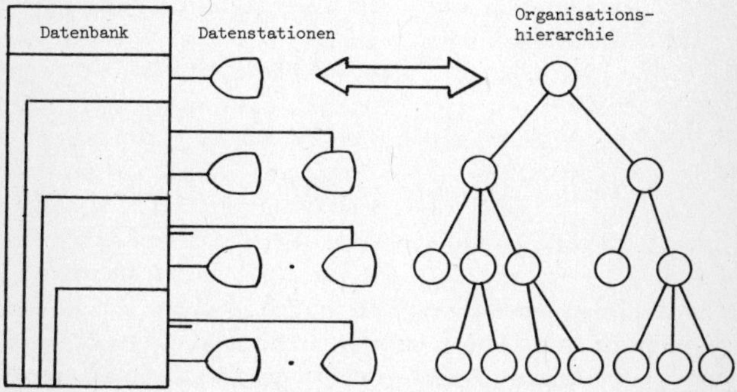

Mit zunehmender Vergesellschaftung der Arbeit und dem Fortschreiten menschlicher Erkenntnis, also wachsender Notwendigkeit eines allgemeinen Zugangs zu gespeicherten Daten, wird die Monopolisierung von Information allerdings kontraproduktiv. Auf diesen Aspekt hat insbesondere Norbert Wiener sehr deutlich hingewiesen: »Der Gedanke, daß Information in einer sich verändernden Welt ohne merkbare Minderung ihres Wertes gestapelt werden kann, ist falsch. Er ist kaum weniger falsch als der näherliegende Vorschlag, nach einem Krieg unsere vorhandenen Waffen zu sammeln, ihre Läufe mit Maschinenöl zu füllen, ihre Außenseiten mit Gummi zu übersprühen und sie dann unverändert den nächsten Ernstfall erwarten zu lassen . . . Information ist eben mehr eine dynamische als eine Stapelungsangelegenheit. Dasjenige Land wird die größte Sicherheit haben, dessen informatorischer und wissenschaftlicher Stand hoch genug entwickelt ist, um auftretenden Anforderungen zu begegnen - das Land, in dem voll erkannt worden ist, daß Information wichtig ist als eine Stufe in dem unaufhörlichen Prozeß, durch den wir die Außenwelt beobachten und unsere Handlungen auf sie einwirken lassen. Mit anderen Worten: kein sorgfältig in Büchern und Abhandlungen niedergelegter und dann mit Geheimhaltungsvermerken in unsere Büchereien eingestellter Beitrag wissenschaftlicher Forschung wird hinreichen, um uns auch nur für kurze Zeit in einer Welt zu beschützen, deren tatsächlicher Stand an Information sich ständig hebt. Es gibt keine Maginotlinie des Gehirns« (Wiener, 1966, S. 122 f).

Aus diesem Dilemma kann die kapitalistisch geprägte Datenverarbeitung nicht entrinnen.

Die Datenspur. Computer und Herrschaft

Wie schon mehrfach angedeutet, hat es sich im Zuge der Verbreitung von Datenbanken zur Speicherung und Verarbeitung überwiegend personenbezogener Daten zunehmend als Problem herausgestellt, diese Daten vor mißbräuchlicher Verwendung zu schützen. Insbesondere drei in diesem Zusammenhang bedeutsame Erscheinungen verdeutlichen das Problem:

1. Zunehmende Erfassung personenbezogener Daten (der »abgelochte« Bürger). In Dateien und Datenbanken werden über die einzelnen ungezählte Daten gespeichert, wie beispielsweise Einkünfte bei Finanzämtern und bei der Rentenversicherung, medizinische Daten bei Krankenhäusern und Krankenkassen, Konsumverhalten und Urlaubsbuchungen bei Versandhäusern und Reiseveranstaltern, Lesegewohnheiten in Bibliotheken, Teilzahlungsverpflichtungen, Zeugnisnoten und Intelligenztestergebnisse in Schulen oder Teilnahme an Demonstrationen, Parteizugehörigkeit, Vorstrafen bei Verfassungsschutzämtern und Polizei sowie im Zentralregister. Diese Datenbestände sind zur Zeit noch teilweise räumlich und vor allem organisatorisch voneinander getrennt; sie weisen eine deutliche Tendenz zu ständiger Ausdehnung und Hinzufügung neuer Dateien auf. So zieht der einzelne während seines Lebens gleichsam eine laufend breiter werdende Datenspur hinter sich her.

2. Verknüpfung einzelner Datenbestände (der »durchsichtige« Bürger). Die zunächst für unterschiedliche Zwecke und unabhängig voneinander erhobenen Datenbestände stellen natürlich eine ständige Verlockung dar, durch ihr Zusammenfügen neue Information zu gewinnen. So wird von nahezu allen Behörden und Unternehmen versucht, in Datenerhebungsbögen über den eigentlichen Erhebungszweck hinaus die Angabe zusätzlicher Daten freiwillig zu erzwingen. Dieser Drang zeigt sich vor allem aber auch darin, daß es schon mehrfach zur ›Übermittlung‹ von Datenbeständen gekommen ist, beispielsweise von Krankenkassendaten an die Polizei, von polizeilichen Erkenntnissen an Arbeitgeber, von Arbeitgeberdaten über Mitarbeiter an den Verfassungsschutz, von Banken an Auskunfteien und umgekehrt, von Bibliotheken an den Verfassungsschutz oder von Finanzämtern an Hochschulen. Der totalen Verknüpfung solcher Datenbestände stehen bislang gewisse technisch-organisatorische Hindernisse entgegen, da eine einheitliche Identifizierung oder ein Schlüssel für die um-

kehrbar eindeutige Zuordnung der Daten zu einzelnen Bürgern teilweise noch fehlt, wie sie beispielsweise in den USA durch die Sozialversicherungsnummer oder in der BRD in einigen Bundesländern durch das Personenkennzeichen schon gegeben ist. Eine solche Verknüpfung sämtlicher, verstreut gespeicherter personenbezogener Daten würde den Bürger jedenfalls mit einem Schlage »durchsichtig« machen.

3. Handel mit Daten (Information als Ware). Für gezielte Einzelwerbungskampagnen ist es zur Vermeidung größerer Streuverluste z. B. notwendig, die kaufkräftige Bevölkerung möglichst feingliedrig in genau definierte Gruppen (Berufsgruppen, Gruppen mit bestimmten Konsumvorlieben, Altersgruppen, etc.) aufzuteilen. Dies ist die hauptsächliche Domäne der Adressenverlage, die nach solchen Gesichtspunkten zusammengestellte Listen mit Namen, Adressen, Alter, Beruf und dergleichen handeln. Die Ursprungsdaten beziehen sie größtenteils von staatlichen Stellen, so beispielsweise von der Deutschen Postreklame GmbH (die Daten von Postbenutzern vertreibt), vom Kraftfahrt-Bundesamt, von Standesämtern oder aus Anzeigen (vgl. Seidel).

Das exponentielle Wachstum der Datensammlungen in privaten und staatlichen Verwaltungen erfordert laufend neue Methoden effektiver Datenverwaltung und -verarbeitung. Dadurch geraten freilich eben jene Rechte der persönlichen Entfaltung und des Schutzes der Privatsphäre in Gefahr, die nach dem Credo der bürgerlichen Demokratie die Grundlage der wirtschaftlichen und gesellschaftlichen Entwicklung sind. Nicht nur das Kapital differenziert die natürlichen und juristischen Personen der bürgerlichen Gesellschaft in mehr oder weniger mächtige oder ohnmächtige, auch die Informationsverarbeitung verstärkt noch den Unterschied durch den Informationsvorsprung der jeweils mächtigeren über die ohnmächtigen Institutionen und Personen.

Das oft vorgebrachte Argument, ein unbescholtener Mensch habe schließlich nichts zu befürchten, ist hier völlig verfehlt: Zunächst geht bereits aus dem kennzeichnenden Merkmal der Daten hervor, daß sie als Zeichen »aufgrund bekannter oder unterstellter Abmachungen Information darstellen«. Es kommt daher wesentlich auf den Zusammenhang an, in dem Daten interpretiert werden. Wie leicht ein- und dieselben Daten sich je nach diesem Zusammenhang nützlich oder schädlich auswirken können, möge folgendes alltägliche Beispiel zeigen: Die Angaben über eine längere Krankheit eines Bürgers sind für ihn nützlich in Händen seiner Krankenkasse, denn sie begründen den Versicherungsanspruch; in Händen eines Arbeitgebers, bei dem er sich bewirbt, können sie zu seiner Ablehnung führen, obwohl die Krankheit längst geheilt ist.

Von noch erheblich gravierenderer Bedeutung ist die Verknüpfung verschiedener Datenbestände. Zwar wurde das Anfang der 70er Jahre diskutierte Personenkennzeichen als umkehrbar eindeutige Identifizierung personenbezogener Daten vorerst nicht bundesweit eingeführt, obwohl es in Bundesländern mit automatisiertem Einwohnerwesen und bei INPOL existiert (vgl. Steinmüller 1979, S. 189). Für die Zusammenführung von verschiedenen, in getrennten Dateien gesammelten personenbezogenen Daten ist das Personenkennzeichen aber gar nicht erforderlich; mit etwas mehr technischem Aufwand ist durch die ›Und-Verknüpfung‹ von Name, Geburtstag und Geschlecht eine ebenso brauchbare, wenn auch vielleicht nicht gesichert eindeutige Identifizierung möglich. Die Gefahr ist deutlich: Durch Zusammenfügen der bisher an unzähligen Stellen getrennt gespeicherten Daten ist der einzelne plötzlich transparent geworden; die »Untertanen-Datei« (Seidel) ist erstmals in der Geschichte möglich geworden. Der Ausbau des Informationsverbundes der verschiedenen EDV-Systeme des Bundeskriminalamts, des Bundesamtes für Verfassungsschutz, des Bundeszentralregisters und des Kraftfahrt-Bundesamtes führt zu einer, auf der Welt einmaligen, Informationssammlung über Millionen von Bürgern. So besteht zu Recht die Befürchtung, daß sich die Metamorphose des parlamentarisch-demokratischen Rechtsstaats in einen totalitären Überwachungsstaat schleichend vollzieht. Daher ist es von großem Interesse, welche Maßnahmen bislang ergriffen wurden, um diesen Gefahren zu begegnen. 1978 trat das »Gesetz zum Schutz vor dem Mißbrauch personenbezogener Daten bei der Datenverarbeitung« (Bundes-Datenschutzgesetz,

BDSG) in Kraft, das hier kurz in seinen wesentlichen Bestimmungen diskutiert werden soll.

Aufgabe des BDSG ist der »Schutz personenbezogener Daten vor dem Mißbrauch bei ihrer Speicherung, Übermittlung, Veränderung und Löschung« bei Behörden und privaten Unternehmen. Ausgenommen sind allerdings gleich zu Anfang personenbezogene Daten,

- »die nicht zur Übermittlung an Dritte bestimmt sind«,
- die von den Massenmedien »ausschließlich zu eigenen publizistischen Zwecken verarbeitet werden« (§ 1).

Als Rechte der Betroffenen werden festgelegt das Recht auf

- »Auskunft über die zu seiner Person gespeicherten Daten«,
- »Berichtigung der zu seiner Person gespeicherten Daten . . .«,
- »Sperrung der zu seiner Person gespeicherten Daten« in Zweifelsfällen oder bei Wegfall der Voraussetzungen,
- »Löschung der zu seiner Person gespeicherten Daten« bei unzulässiger Speicherung oder Wegfall der Voraussetzungen (§ 4).

Anspruch und Rechte werden jedoch sogleich durch eine Fülle von Ausnahmeregelungen mit nahezu beliebig dehnbaren Generalklauseln zurückgenommen.

Innerhalb der staatlichen Verwaltung gibt es einen großen »Geheimbereich«, für den die Schutzbestimmungen des BDSG ausdrücklich nicht gelten. In diesem Bereich können schrankenlos personenbezogene Daten gespeichert und ausgetauscht werden (§ 10), ohne daß der Betroffene davon erfährt (§ 12 (2)) oder das Recht auf Auskunft (§ 13 (3)) und die Möglichkeit der Berichtigung fehlerhafter Daten hätte. Dieser Bereich bleibt selbst der Kontrolle des Bundesdatenschutzbeauftragten (§ 19 (3) und (4)) und des Parlaments entzogen. Zu diesem Geheimbereich gehören (§ 12 (2) Nr. 1):

- Neben dem Bundesnachrichtendienst, dem militärischen Abschirmdienst und den Verfassungsschutzämtern
- das Bundeskriminalamt sowie alle Staatsanwaltschaften und Polizeidienststellen, ferner
- das Bundesverteidigungsministerium, soweit Sicherheitsfragen berührt sind, und
- die Finanzbehörden.

Diese Behörden können sich durch Anfragen von anderen Behörden oder öffentlichen Einrichtungen (etwa Kraftfahrt-Bundesamt, Rentenversicherung, Bibliotheken) mit Daten über Bürger versorgen; der Betroffene erfährt dann nicht einmal, daß und welche Daten über ihn weitergegeben wurden (§ 13 (2)) und kann sich gegen fehlerhafte Daten, die ihm dann sein Leben lang anhängen, nicht zur Wehr setzen. Es zeigt sich, daß auf dem Weg zum Überwachungsstaat nur wenig wirksame Hindernisse vorgesehen sind.

Der Sammlung und dem Austausch von personenbezogenen Daten im privatwirtschaftlichen Bereich werden durch das BDSG ebenfalls kaum Schranken gesetzt und das Recht auf Auskunft und Berichtigung wird vielfach aufgehoben. Das geschieht auf dem Wege der Einführung verschiedener Kategorien personenbezogener Daten:

- Daten, die »nicht zur Übermittlung an Dritte bestimmt sind«; für sie gilt das ganze BDSG nicht (§ 1 (2));
- Daten, die »unmittelbar aus allgemein zugänglichen Quellen entnommen sind«; von deren Speicherung erfährt der Betroffene nichts und kann auch keine Auskunft verlangen (§ 26 (4));
- sog. freie Daten wie Name, Geburtsdatum, Beruf, Anschrift, deren Übermittlung zulässig ist (§ 24 (2)).

Besonders gefährlich ist die erste Kategorie, die es Unternehmen und Behörden erlaubt, nach Belieben Personal-, Kunden-, Konkurrentendateien und dergleichen anzulegen, über deren Daten kein Betroffener oder Datenschutzbeauftragter je Auskunft erhält oder Berichtigung verlangen kann. Lediglich bei Personaldateien besteht für Arbeitnehmer nach § 82 BetrVG (Betriebsverfassungsgesetz) das Recht auf Einsichtnahme der über ihn gespeicherten Personaldaten (§ 45 (2)). Selbst wenn diese Daten durch Dritte »im Auftrag« verarbeitet werden, bleiben sie ungeschützt und unterliegen lediglich den prinzipiell unzulänglichen Datensicherungsvorschriften des § 6 BDSG. Auf diesem Wege läßt sich mühelos das ganze BDSG unterlaufen, »etwa mit Hilfe der Einrichtung geeigneter öffentlicher Datenzentralen oder privaten Datenauftragsgesellschaften - nach Möglichkeit im Ausland -, eine lohnende Aufgabe für Systemorganisatoren und Unternehmensberater« (Steinmüller).

Als »endgültig jenseits bisheriger Maßstäbe von Recht und Unrecht« erscheint der nach dem BDSG zulässige Austausch und Datenhandel, so etwa

- die Weitergabe von Behördendaten »an Stellen außerhalb des öffentlichen Bereichs, . . . soweit der Empfänger ein berechtigtes Interesse an der Kenntnis der zu übermittelnden Daten glaubhaft macht . . .« (§ 11),
- das Einholen von Hinweisen über einzustellende Mitarbeiter bei der Polizei (§ 11),
- die Lieferung von personenbezogenen Daten aus Privatunternehmen an Polizei und Nachrichtendienste (§ 24 (1)),
- der listenweise Verkauf von »freien Daten«, wobei nebenbei Hinweise darüber anfallen, »um welche Klasse von Personen es sich bei dieser Liste handelt - etwa gewerkschaftliche Vertrauensleute, Demonstranten, Vorbestrafte« (§ 32 (3)) (Steinmüller).

Von solchen »Übermittlungen« erfährt der Betroffene meist nichts, da es sich nicht um »regelmäßige« Übermittlungen handelt (§ 26 (2)) bzw. freie Daten ausdrücklich ausgenommen sind (§ 34 (4)).

Der in den privaten Unternehmen zu bestellende Datenschutzbeauftragte ist eher zu einem Datenschutzknecht verkümmert, der unmittelbar der Unternehmensleitung unterstellt und lediglich »über Anwendung seiner Fachkunde auf dem Gebiet des Datenschutzes weisungsfrei« ist. Er darf zwar »wegen der Erfüllung seiner Aufgaben nicht benachteiligt werden«, genießt aber nicht einmal besonderen Kündigungsschutz (§ 28 (3)).

Ein alltägliches Beispiel soll noch einmal verdeutlichen, wie die personenbezogenen Daten eines Betroffenen durch dieses angebliche Datenschutzgesetz geschützt werden: Ein Bürger bestellt sich bei einem Versandhändler eine Ware zur Ansicht, die er, weil sie ihm nicht zusagt, innerhalb der zugestandenen Frist zurückgibt. Zu einem späteren Zeitpunkt beantragt er bei einer Bank einen Kredit, der ihm verweigert wird. Da er vom Versandhändler - fälschlicherweise, aber das ist ohne Belang - als säumiger Zahler an die Schutzvereinigung für das Kreditgewerbe gemeldet wurde, gilt er nicht mehr als kreditwürdig bei allen Banken, die bei dieser zentralen Datenbank anfragen.

Insgesamt wird das Gesetz seinem Anspruch, personenbezogene Daten vor Mißbrauch zu schützen, nicht gerecht: Statt den in der EDV liegenden Gefahren durch wirksame Schutzvorschriften zu begegnen, wird eher - jedenfalls gemessen an bisherigen Auffassungen über Rechte der persönlichen Entfaltung und des Schutzes der Privatsphäre - der Datenmißbrauch legalisiert. Auch dieses Gesetz ist nach dem üblichen Strickmuster bürgerlicher Rechtsvorschriften gefertigt: In der allgemeinen Phrase die Verkündigung von Rechten, in der besonderen Bestimmung ihre Aufhebung. Das BDSG spiegelt genauer als die anderen Gesetze die wahren Machtverhältnisse in einer entwickelten demokratischen Industriegesellschaft wider: Den Interessen der Wirtschaftsunternehmen, die Information nicht nur als Mittel ihrer Herrschaft, sondern auch als Ware entdeckt haben und den Machtansprüchen des »globalsteuernden Staates« ist der einzelne in bisher unbekanntem Maße nahezu schutzlos ausgeliefert. Nach geltendem Recht kann er seine Persönlichkeitsrechte nur noch wahren, indem er faktisch auf sein Leben verzichtet, damit möglichst wenig Daten über ihn anfallen. Da die meisten Bürger »Arbeitnehmer« sind, die im besonderen Maße betroffen sind, ist es für sie wichtig, ihren Forderungen in Betriebsvereinbarungen, in Tarifverträgen und bei neuen Gesetzen Nachdruck zu verleihen:

- Auf die Sonderbehandlung von »freien«, »nicht zur Übermittlung an Dritte bestimmten« und »allgemein zugänglichen« Daten muß verzichtet werden; vielmehr sind alle personenbezogenen Daten den gleichen Schutzvorschriften zu unterwerfen.
- Die Befugnisse des »Geheimbereichs« und dessen Datensammlungen müssen ganz erheblich eingeschränkt, auf die engsten Sicherheitsinteressen reduziert und öffentlich kontrolliert werden.
- Die Stellung des Datenschutzbeauftragten muß - etwa durch besonderen Kündigungsschutz und generelles Anrufungsrecht - gestärkt werden.
- Daten, die im Laufe der Zeit mehr oder weniger schnellen Veränderungen infolge geänderter Lebensumstände unterliegen, sind regelmäßig in entsprechenden Zeitabständen zu löschen.

- Die Speicherung und Verarbeitung von Daten, die die Menschenwürde verletzen - wie beispielsweise Persönlichkeitsprofile - muß verboten werden.

Damit würden in der Tat die heute weitreichenden Möglichkeiten der EDV in Staat und Wirtschaft beschnitten. Das ist bewußt in Kauf zu nehmen; die Alternative wäre die Fortschreibung der Orwellschen Schreckensvision durch die Wirklichkeit selbst.

Die Computerentwicklung hat mit den Datenbanken technische Systeme hervorgebracht, die das Speichern und gezielte Wiederauffinden von Daten in bislang nicht annähernd gekanntem Umfang gestatten. Die EDV liefert mit den Datenbanksystemen die technischen Mittel, die dabei auftretenden arbeitsintensiven Tätigkeiten des Sortierens und Verarbeitens jeweils bestimmter Daten für viele Benutzer gleichzeitig und auf demselben Datenbestand automatisch durchzuführen. So unzweifelhaft die Effizienz der Computeranwendung für Unternehmen und Staat ist, so deutlich ist sie auch Herrschafts- und Kontrollinstrument für die Betroffenen.

Zunächst ist bei den staatlichen Informationssystemen der Herrschaftscharakter offensichtlich. Zwar war es schon immer Monopol des Staates, über die vielseitigsten und meisten Aspekte des Lebens seiner Bürger informiert zu sein. Gerade das - »Information ist der Kitt der Gesellschaft« (Wiener) - ist ein wesentliches Machtmittel des Staates, der seine weiteren Mittel erst auf dieser Grundlage einsetzen kann. Während allerdings bisher ein Großteil dieses Machtpotentials Information in den vielen uneinheitlichen und bruchstückhaften Karteien der zahllosen Ämter wirkungslos versickerte, wird mit der Verwaltungsrationalisierung durch Datenbanken das staatliche Informationssystem als Herrschaftsinstrument erst richtig geschärft. Computersysteme schaffen damit eine neue Qualität des alten Problems der Herrschaft über Menschen. Die Möglichkeit grenzenloser Überwachung durch den Staat hat beispielsweise der Parlamentarische Staatssekretär beim Bundesminister des Innern, v. Schoeler, auf einer internationalen Konferenz über spezielle Polizeitechnik mit aller Deutlichkeit ausgesprochen: »Technisch ist es möglich, über jeden Bürger ein komplettes

Datenbild anzulegen. Aber das wollen wir alle nicht. Technisch ist es möglich, jedes Telefongespräch mitzuhören und mitzuschneiden. Aber das wollen wir alle nicht. Technisch ist es möglich, jeden Schritt optisch zu überwachen. Aber auch das wollen wir alle nicht. Der totale Überwachungsstaat ist technisch machbar. ›Orwell 1984‹ ist 1980 schon realisierbar. Aber es darf ihn nicht geben.« (Bulletin, 9. Oktober 1980, Bonn) Für viele Planungstechnokraten und Polizeistrategen in der staatlichen Administration hat v. Schoeler damit sicherlich nicht gesprochen. Diese wollen nämlich den »transparenten« Staat. Das Verdienst des »Vordenkers« all jener Überwachungsfanatiker, die den Computer als gesamtgesellschaftliches »Diagnoseinstrument« weiterentwickeln wollen, kommt dem langjährigen Präsidenten des Bundeskriminalamts, Herold, zugute: »Ich sehe die Hauptaufgabe des Bundeskriminalamts darin, das in riesigen Mengen angehäufte Tatsachenmaterial zu allen abseitigen, abweichenden Verhaltensweisen in der Gesellschaft forschend zu durchdringen, um rationale Einsichten der Gesellschaft zur Verfügung zu stellen, ihr eigenes Rechtssystem zu korrigieren und Instrumente bereitzustellen, die Kriminalität verhindern. . . . . Wir müßten zunächst einmal die gewaltige Datenmenge, die die Polizei ja hat, durchdringen und mehrdimensional verknüpfen können. Die heutige Technik würde das bewältigen. Wenn die Datenneurose nicht wäre, wäre das eine einfache Sache. In der deutschen Polizei, schätze ich, wird es vielleicht 15 Millionen Kriminalakten geben . . . . Das ganze Wissen liegt herum, nur wir wissen nicht, was wir eigentlich wissen. Daß man dieses Wissen nicht ausschöpfen und verbinden kann zu einem Gemälde der Gesellschaft! Dies würde doch die Möglichkeit einer Therapie eröffnen. Oder anders gesagt: was ich anstrebe, ist die Polizei als gesellschaftliches Diagnoseinstrument.« (*Transatlantik* November 1980). Nicht nur diese Gedankenspiele des früheren höchsten Polizeibeamten der Bundesrepublik, sondern vor allem die Praxis einer immer gezielteren Informationssammlung staatlicher Stellen in den vergangenen Jahren widerspricht den oben zitierten Erklärungen des Staatssekretärs: Rasterfahndungen, Reiseverkehrsüberwachung durch den Bundesgrenzschutz, zentraler elektronischer Kriminalaktennachweis (Informationsspeicherung aller Personen, die mit der Polizei irgendwann und irgendwie in Berührung kommen - gleichgültig ob als Verdächtige, Anzeigende, Zeugen oder Opfer), Überwachung von Betriebsräten, Registrierung von Telefongesprächen durch die Bundespost, computerorientierte Informationssysteme über Schüler, Aufbau einer zentralen »Sozialdatenbank« mit der Speicherung fast aller Bundesbürger, usw., usw.

Diese gewaltige Ausdehnung staatlicher Macht ließe sich »nur über eine soziale Teilhaberschaft des Individuums« eindämmen, »das dann die soziale Entwicklung mit seiner eigenen identifizieren würde. Individuum und Staat ständen sich nicht mehr konträr gegenüber .... Denn eine Planung für den Bürger kann sich nicht gegen den Freiheitsraum des einzelnen richten, sondern allein in seinem Interesse eine bedarfsgerechte öffentliche Dienstleistung anstreben«. So wie die Dinge liegen, ist aber eher das Gegenteil der Fall: »die systematische Aufschließung der Privatsphäre«, die »ohne ein äquivalentes Gegengewicht die Position des einzelnen schwächen und in der Folge eine beinahe autonome Entwicklung gewaltiger Datenkartelle ermöglichen« würde (Seidel).

Als Planungsinstrument sind die staatlichen Informationssysteme ohnehin nur sehr begrenzt tauglich, da wegen des Vorrangs des Einzelinteresses vor dem Allgemeinwohl übergeordnete Gesichtspunkte nur schwer nutzbar zu machen sind. Vielmehr steht zu befürchten, daß sich die Tendenz zur Ausweitung der staatlichen Macht durch EDV-Systeme noch verstärkt. Immer größere Bereiche der öffentlichen und privaten Wirtschaft - so z. B. Flughäfen, Behörden, Kraftwerke - unterliegen staatlicher Schutz- und Kontrollmaßnahmen, weil sie gegen Bürgerinteressen realisiert werden. Das dadurch verursachte Bedürfnis nach zusätzlicher Informationsbeschaffung, die staatliche Schnüffelpraxis, verstärkt das Ganze noch. Ein solchen Tendenzen unterworfener »Atomstaat« (Jungk), eine so funktionierende industriell-militärische »Megamaschine« (Mumford) würden sich freilich jeder demokratischen Kontrolle entziehen.

Innerhalb der staatlichen Verwaltungsorgane selbst gerät mit verbreitetem Einsatz der EDV das sorgfältig ausbalancierte Machtgefüge der Gewaltenteilung aus dem Gleichgewicht:

- die Exekutive tendiert dahin, sich gegenüber Legislative und Judikative zunehmend auszuweiten und ihre Eingriffsmöglichkeiten zu erweitern;
- die bestehenden Grenzen der Ressorteinteilung und der staatlich-kommunalen Kompetenzverteilung werden unterlaufen;
- die Grenzen zwischen Staat und Wirtschaft werden durch die Informationsströme immer durchlässiger;
- Kooperations- und Partizipationsbeziehungen werden zurückgedrängt und durch programmierte Abläufe ersetzt.

Unvermeidliche Folge dieser Tendenzen ist freilich, daß die staatlichen Institutionen zunehmend die Fähigkeit verlieren, auf soziale Änderungen angemessen und lokal begrenzt zu reagieren; die Gefahren der Überreaktion und die Krisenanfälligkeit steigen beträchtlich (vgl. Steinmüller, 1975). Schließlich übt noch etwas weiteres, auf das Weizenbaum hingewiesen hat, eine unheilvolle Wirkung aus: Die kommerziellen und militärischen EDV-Systeme werden überwiegend arbeitsteilig und nach heuristischen Methoden entworfen und erstellt. Sie haben daher keinen Autor im eigentlichen Sinne mehr. Noch schlimmer aber ist, daß sie von Menschen benutzt werden, die nichts mehr von deren Arbeitsweise verstehen. Dennoch aber werden durch Computer Entscheidungen getroffen: mit der ebenso unausweichlichen wie gefährlichen Folge, daß sich die Verantwortung buchstäblich in nichts auflöst (vgl. Weizenbaum). Wie sollte unter diesen Umständen der Lauf der »Megamaschine« noch aufzuhalten sein?

Ausblick: Bleibt der Programmierer zwanghaft?

Wir haben in diesem Buch den Versuch unternommen, die Entwicklung und Anwendung der automatischen Datenverarbeitung aus ihren sozialen Ursachen und Bedingungen heraus darzustellen. Die Ursprünge wie auch die aktuellen

Erscheinungsformen und Entwicklungstendenzen sind Ergebnis der Erfordernisse kapitalistischer Produktion. Die während der Entwicklungsdauer jeweils wirksamen sozialen Kräfte und Bedürfnisse sowie die materiellen Ressourcen bestimmen im wesentlichen den Verlauf der Entwicklung und die Eigenschaften der Systeme der automatischen Datenverarbeitung (wie die anderer technischer Einrichtungen auch). Erst auf dieser Grundlage werden zeitliche Verzögerungen oder Unterschiede in einzelnen Ländern erklärlich (vgl. beispielsweise das Scheitern von Babbage mit dem Durchbruch Zuses und wiederum dessen Vorgehen mit der amerikanischen Computerentwicklung im Zweiten Weltkrieg). Mit dieser Betrachtungsweise stellen wir uns in eine Reihe mit anderen Autoren, die in jüngerer Zeit vergleichbare Untersuchungen über weitere technologische Entwicklungen vorgelegt haben - so z. B. Noble und Shaiken über die numerische Steuerung von Werkzeugmaschinen oder Kuby zur Entwicklung der Fertigungseinrichtungen.

Sollte es nicht zu erheblichen Verschiebungen im gesellschaftlichen Kräfteverhältnis kommen, die es den Lohnabhängigen erlauben, wesentlich stärker auf die technologische Entwicklung Einfluß zu nehmen, steht zu befürchten, daß die hier dargestellten Entwicklungstendenzen zur Wirklichkeit werden. Stehen mithin am Ende der kapitalistischen Entfaltung der Produktivkräfte (jedenfalls im Bereich automatischer Datenverarbeitung und technischer Kommunikation) statt der Befreiung der Menschen von notwendiger Arbeit die Befreiung ihrer Arbeit vom Inhalt; statt schöpferischer Kooperation und freier Assoziation der fremdbestimmte Umgang mit Maschinen und Isolierung an Bildschirmarbeitsplätzen; statt bewußter Gestaltung der Arbeits- und Lebensbedingungen die Herrschaft technisch-bürokratischer Apparate, deren Teilhaber sich nicht mehr zur Verantwortung ziehen lassen; statt Entfaltung der Persönlichkeit die Unterwerfung lebendiger Arbeit unter tote Maschinerie? Sind nicht jene Menschen konsequent, die - wie sie Weizenbaum (S. 160 ff.) im Porträt des »zwanghaften Programmierers« meisterlich gezeichnet hat - den Computer als intelligentes Wesen personifizieren, mit dem man sogar, statt mit Kollegen, emotional partnerschaftliche Beziehungen eingehen kann? Fehlt nur noch die Huxleysche Droge der Glückseligkeit, um diesen Zustand auch noch befriedigend zu finden?

Um möglichen Fehlschlüssen vorzubeugen, betonen wir, daß wir dies nicht deswegen befürchten, weil die technischen Systeme die Menschen an Intelligenz übertreffen könnten - ein schon aufgrund deren Entstehung und Konstruktion unzulässiger Schluß -, sondern weil die Menschen auf die Funktionsweise von Computern reduziert werden. Dies aus dem einfachen Grunde, daß beide den gleichen prägenden Kräften der kapitalistischen Produktionsweise - Steigerung der Produktivität und Ausdehnung der Herrschaft - unterliegen, die technischen Systeme bei deren Konstruktion, die Arbeitenden durch ihre Sozialisation und sozialen Beziehungen. Geht mit der kapitalistischen Informationstechnologie die zunehmende Unterwerfung der lebendigen Arbeit (vor allem der Kopfarbeit) unter die vergegenständlichte, die Herrschaft des Erstarrten über das Lebendige einher, so erfordert die Emanzipation des Lebendigen eine nach Art und Einsatzweise von Grund auf neu gestaltete Technik. Die Entwicklung einer neuartigen, im Interesse der Menschen gestalteten Technik wird zunehmend zu einer zentralen Frage. Das Reich der Freiheit läßt sich auf dem Boden der bestehenden Produktionsverhältnisse und den dadurch geprägten Produktivkräften immer weniger verwirklichen. Diese Betrachtungsweise steht freilich im krassen Gegensatz zu der weitverbreiteten Auffassung, derzufolge sich technologische Entwicklungen aus der Technik eigenen Gesetzmäßigkeiten ergeben, als Intuition bedeutender Erfinder sozusagen vom Himmel fallend. Konsequenterweise gibt es dann nur soziale Folgen einer an sich nicht beeinflußbaren technologischen Entwicklung zu untersuchen, die sich zudem als technische Sachzwänge darstellen lassen; Kritik daran wird als Technikfeindlichkeit angeprangert. Diese Ansichten sind in den Industrieländern aus naheliegenden Gründen weit verbreitet und genießen den Status offizieller Ideologie. Worauf es aber ankommt ist, daß sich die Beschäftigten aus der Zwangsjacke sogenannter technischer Sachzwänge befreien, im Kopf und auch in den realen Verhältnissen. Es ist eine geschichtliche Erfahrung, daß es mit unserem Leben und seinen Bedürfnissen nicht vereinbar ist, allein die Verfügungsmacht über die Produktionsmittel zu verlagern, ohne die Frage zu stellen, was auf welche Weise produziert und wie verteilt wird. Mit anderen Worten: Nicht nur die Produktionsverhältnisse, auch die Entwicklung der Produktivkräfte befinden sich in einer Krise - es kommt folglich darauf an, die kapitalistische Produktionsweise, nicht nur die Verwertungsbedingungen voneinander unabhängig operierender Einzelkapitale, sondern auch die dadurch geprägten Arbeitsprozesse (Arbeitsmittel, Arbeitsgegenstände, Arbeitsumgebung) im Interesse der arbeitenden Menschen umzugestalten. Nicht die Technik und die produktiven Potenzen der Menschen sind der Feind, den es zu bekämpfen gilt, sondern die Art und Weise, mit der sie zu einer die Menschen und die Natur vergewaltigenden Entwicklung gebracht werden.

Um zu dieser Erkenntnis zu gelangen, bedurfte es offensichtlich erst der Erfahrung im Umgang mit der vom Kapital hervorgebrachten Technik und ihrer angeblich zugunsten der arbeitenden Menschen veränderten Anwendung im real existierenden Sozialismus. Allerdings hatte schon Marx die Entwicklung von Maschinerie und großer Industrie ganz richtig eingeschätzt: »In der Agricultur wie in der Manufaktur erscheint die kapitalistische Umwandlung des Produktionsprozesses zugleich als Martyriologie der Produzenten, das Arbeitsmittel als Unterjochungsmittel, Exploitationsmittel und Verarmungsmittel des Arbeiters, die gesellschaftliche Kombination der Arbeitsprozesse als organisierte Unterdrückung seiner individuellen Lebendigkeit, Freiheit und Selbständigkeit ... Wie in der städtischen Industrie wird in der modernen Agricultur die gesteigerte Produktivkraft und größere Flüssigmachung der Arbeit erkauft durch Verwüstung und Versiechung der Arbeitskraft selbst. Und jeder Fortschritt der kapitalistischen Agricultur ist nicht nur ein Fortschritt in der Kunst, den Arbeiter, sondern zugleich in der Kunst, den Boden zu berauben, jeder Fortschritt in Steigerung seiner Fruchtbarkeit für eine gegebene Zeitfrist zugleich ein Fortschritt im Ruin der dauernden Quellen dieser Fruchtbarkeit ... Die kapitalistische Produktion entwickelt daher nur die Technik und Kombination des gesellschaftlichen Produktionsprozesses, indem sie zugleich die Springquellen allen Reichtums untergräbt: Die Erde und den Arbeiter.« (MEW 23, S. 528 ff.)

Zum seitdem Erreichten sagte Ernst Bloch: »Unsere bisherige Technik steht in der Natur (und so möchten wir hinzufügen, inmitten der Menschen als einem Teil von ihr) wie eine Besatzungsarmee in Feindesland, und vom Landesinnern weiß sie nichts, die Materie der Sache ist ihr transzendent« (Bloch, S. 814). Die Abrüstung auch dieser Armee täte not.

So kann denn kein Zweifel daran bestehen, daß es einer neuen Technik bedarf, um uns und die Erde, auf der wir leben, überleben zu lassen. Wir arbeiten daran (und wir vertrauen darauf), daß diese neue Technik im Schoße der alten Gesellschaft heranwächst, gerade weil wir den Eindruck gewonnen haben, daß sich aus dem Widerspruch der Verheißungen der neuen Technologien zu ihrer tatsächlichen Daseinsweise ein erhebliches Konfliktpotential ergibt. Wir bauen darauf, daß die arbeitenden Menschen aus einer Kritik an den vorgefundenen Produktionsverhältnissen und den durch sie geformten Produktivkräften sich entschließen, beide zugleich umzuformen. »Und erst wenn das Subjekt der Geschichte: der arbeitende Mensch, sich als Hersteller der Geschichte erfaßt, folglich das Schicksal in der Geschichte aufgehoben hat, könnte er auch dem Produktionsherd in der Naturwelt nähertreten. Marx bestimmte die geschichtliche Materie als Beziehung der Menschen zu Menschen und zur Natur; . . . . Marxismus der Technik, wenn er einmal durchdacht sein wird, ist keine Philantropie für mißhandelte Metalle, wohl aber das Ende der naiven Übertragung des Ausbeuter- und Tierbändigerstandpunktes auf die Natur« (Bloch, S. 813).

ZEITTAFEL

Zeit	*Politische und ökonomische Ereignisse*	*Arbeitsmittel*	*Wissenschaftliche Erkenntnisse*
1415/60	Heinrich der Seefahrer (Gründung der Seefahrerschule in Sagres)		
1492	Entdeckung Amerikas durch Kolumbus	Kompaß Jakobstab	Leonardo da Vinci Paracelsus (Entwicklung der Chemie)
um 1520	erste Weltumsegelung durch Magalhaes	Navigationskarten	
um 1540	Entfaltung des Handelskapitals		Kopernikus entwickelt das ›heliozentrische‹ Weltsystem
1588	Niederlage der spanischen Armada allmählicher Aufstieg Englands zur See- u. Handelsmacht	Problem der Längenbestimmung bei der Navigation	
1600	Gründung der ostindischen Kompanie (Indienhandel)	Erfindung des Fernrohrs	Galilei entdeckt Jupitermonde mit dem Fernrohr
1614		Logarithmentafel von Napier	
1618	Beginn des Dreißigjährigen Krieges		Kepler entwickelt Himmelsmechanik
1623		Erste mechanische Rechenmaschine von Schickard	
1627		Kepler veröffentlicht Planeten-Tafeln	Galilei entwickelt Prinzipien der Mechanik
1642		Rechenmaschine von Pascal	Descartes entwickelt analytische Geometrie

1661/1715	Regierung Ludwig XIV Merkantilistische Wirtschaftspolitik		Newton und Leibniz erarbeiten die Infinitesimalrechnung
um 1680		Rechenmaschine von Leibniz	Gravitationsgesetz von Newton
1689	›Bill of Rights‹		Leibniz beschäftigt sich mit Dualzahlen (mathematische Grundlage heutiger Computer)
um 1700	Entwicklung der Manufaktur in England und Frankreich	Systematische Darstellung der Zinseszinsrechnung	
1750/80	Beginn der ›industriellen Revolution‹	Entfaltung des Fabriksystems	
		Automatische Spinnmaschine von Arkwright (1769)	Begründung der modernen Chemie (Lavoisier)
		Dampfmaschine von Watt (1769)	›Wealth of Nations‹ (Adam Smith, 1776)
		Mechanischer Webstuhl (1784/90)	
1789/95	Französische Revolution	Arbeitsteilige Berechnung von Logarithmen (Prony)	Elektrischer Strom durch Batterie (Volta)
1796–1815	Napoleonische Kriege Kontinentalsperre gegen England Wiener Kongreß (1814/15)	Automatischer Webstuhl (Jacquard, 1804) Dampfschiff (Foulton)	
um 1830	Gewährung von Koalitions- und Streikrecht in England Weberaufstände in Lyon	Eisenbahnverbindungen Prinzip des Rechenautomaten (Babbage, 1834)	Stromerzeugung durch Magnetismus (Faraday) Boole'sche Algebra (1847)
1848/49	Revolutionen in Frankreich, Deutschland, Österreich-Ungarn	Telegrafie	Evolutionstheorie der Arten (Darwin, 1859) ›Kapital‹ (Marx, 1867)
1860/70	deutsch-französischer Krieg	Telefon (Reis, 1861) Generator (Siemens)	Periodisches System der Elemente (Mendelejew)

1880/90	Wirtschaftliche Krisenerscheinungen in Europa Beschleunigung der kolonialen Expansion	Elektrische Beleuchtung (Edison) Elektromechanische Zählmaschine (Hollerith, 1887)	Elektromagnetische Theorie (Maxwell, 1873)
1914/18	Erster Weltkrieg Russische Revolution von 1917	Drahtlose Telegrafie Fließband in der Automobilindustrie (Ford)	Relativitätstheorie (Einstein) Quantentheorie (Planck)
1929	Beginn der Weltwirtschaftskrise	Rundfunk Fernschreiber Fernsehen	Rechenautomatentheorie (Couffignal)
1933	Beginn der Nazi-Herrschaft in Deutschland Politik des ›New Deal‹ in USA	Radar	Automatentheorie (Turing, 1936)
1939/45	2. Weltkrieg	Einsatz des ersten programmgesteuerten Rechenautomaten (Zuse, 1941)	Kernspaltung des Urans (1938)
1943		Militärische Anwendung der ersten elektronischen Rechenanlage in England	Informationstheorie (C. Shannon 1948)
1948	Entwicklung der Wasserstoffbombe	Prinzip der Speicherprogrammierung	Transistorenentwicklung (Bardeen u. Brattain) Kybernetik (N. Wiener)
1950/51	Koreakrieg	Entwicklung und Einsatz des ersten Universalcomputers für kommerzielle Nutzung	
1957/60	Flüge der ersten Weltraumsatelliten	Anwendung der Transistortechnik im Computer Programmiersprachen: Fortran, Algol, Cobol	Lasertechnik Silizium-Planartechnik (Mikroelektronik)

um 1965	Bemannte Weltraumfahrt Wachstumsperiode der Weltwirtschaft	Anwendung der Silizium-Planartechnik im Computer durch IBM Expansive Phase der Computeranwendung in Wirtschaft und öffentlicher Verwaltung	
um 1972	Vietnamkrieg	Einsatz der ersten Mikroprozessoren (hochintegrierte Schaltungen) Staatliche Förderungsprogramme für Computertechnik in westeuropäischen Staaten	Mikroelektronik
1975/80	Stagnation der Weltwirtschaft Massenarbeitslosigkeit in westlichen Industriestaaten	Rationalisierungsschub durch breiten EDV-Einsatz Anwendung von Datenfernverarbeitung, Mikroelektronik und Computernetzen	

Bibliographie

Die auf S. 2 des Buches abgedruckten Zeilen sind dem Gedicht »C. B. (1792-1871)« von Hans Magnus Enzensberger entnommen; aus: *H. M. Enzensberger, Mausoleum. Siebenunddreißig Balladen aus der Geschichte des Fortschritts,* Frankfurt/Main 1975, S. 63-64. Wir danken dem Suhrkamp Verlag für die Abdruckgenehmigung.

Alberts, J. u. a., Mit IBM in die Zukunft, Berlin 1974

Altmann, N. u. a., Betrieb - Technik - Arbeit, Elemente einer soziologischen Analytik technisch-organisatorischer Veränderungen, Frankfurt/New York 1978

Anders, G., Die Antiquiertheit des Menschen, zweiter Band, Über die Zerstörung des Lebens im Zeitalter der dritten industriellen Revolution, München 1980

Babbage, C., Über Maschinen- und Fabrikenwesen, Berlin 1833

Bernal, J. D., Wissenschaft. Science in History, Reinbek 1970

Bechmann, G. u. a., Mechanisierung geistiger Arbeit, Frankfurt/New York 1979

Biewald, J. u. a., Das Software-Werkzeug EPOS zur Unterstützung der Ingenieurtätigkeiten beim Entwurf und bei der Wartung von Prozeßautomatisierungssystemen, Regelungstechnik 28, Heft 1, 1980

Bloch, E., Das Prinzip Hoffnung, Frankfurt/Main 1959

Bölsche, J., Der Weg in den Überwachungsstaat, Reinbek 1979

Bösch, L. u. a., Das Förderprojekt CAD - Stand Juli 1978, KfK - CAD 50, 1978

Born, N. (Hrsg.), Literaturmagazin 8 - Die Sprache des Großen Bruders, Reinbek 1977

Brandt, G. u. a., Computer und Arbeitsprozeß, Frankfurt/New York 1978

Bravermann, H., Die Arbeit im modernen Produktionsprozeß, Frankfurt/New York 1977

Briefs, U., Arbeiten ohne Sinn und Perspektive, Köln 1980

Brödner, P. und Hamke, F., Automatisierung und Arbeitsplatzstrukturen, Teil 1 und Teil 2, in: Mitteilungen aus der Arbeitsmarkt- und Berufsforschung Nr. 8, 1969 und Nr. 2, 1970

Cooley, M., Computer Aided Design, Stuttgart 1978

Cooley, M., Architect or Bee, Slough/England 1980

Dietzgen, J., Das Wesen der menschlichen Kopfarbeit, in: Sämtliche Schriften, hrsg. von E. Dietzgen, Berlin 1930

Eurich, C., Das verkabelte Leben, Reinbek 1980

Friedrichs, G. (Redaktion), Computer und Angestellte, 2 Bände, Frankfurt/Main 1971

Friedrichs, G., Einsatz von Mikroprozessoren - Auswirkungen auf Produktion und Beschäftigung; in: Rationalisierung, 29. Jg. 1978, 7/8, S. 157-160

Fromm, E., Haben oder Sein, Stuttgart 1979

Fuhrmann, J., Automation und Angestellte, Frankfurt/Main 1971

Ganzhorn, K. und Walter, W., Die geschichtliche Entwicklung der Datenverarbeitung, Bad Windsheim 1966

Genrich, H. J., Belästigung des Menschen durch Computer, in: GMD-Spiegel, Heft 5/75, St. Augustin 1975

Gewald, K. u. a., Software Engineering, München/Wien 1979

Gorz, A., Technische Intelligenz und kapitalistische Arbeitsteilung, in: Vahrenkamp, R., Technologie und Kapital, Frankfurt/Main 1973

Habermas, J., Technik und Wissenschaft als ›Ideologie‹, Frankfurt/Main 1968

Hammer, H., Technische, betriebliche und wirtschaftliche Aspekte der Werkstattprogrammierung, VDI-Zeitung 1980

Heger, D. u. a., Echtzeitrechnersysteme mit verteilten Mikroprozessorstationen, FHG-Bericht, 1977

Hoffmann, G. E., Erfaßt registriert entmündigt, Frankfurt/Main 1979

Huxley, A., Schöne neue Welt, Hamburg 1953

Illich, I., Selbstbegrenzung, Reinbek 1975

IG Metall, Schriftenreihe der IG Metall Nr. 84, Frankfurt/Main 1980

Institut für Arbeitsmarkt- und Berufsforschung, ABC-Handbuch, Nürnberg 1974/76

Jungk, R., Der Atomstaat, Reinbek 1979

Kern, H. und Schumann, M., Industriearbeit und Arbeiterbewußtsein, Frankfurt/Main 1977

Kieser, A. und Kubicek, H., Organisation, Berlin/New York 1977

Kirsch, W. und Klein, H. K.; Management-Informationssysteme I und II, Stuttgart 1977

Koch, R., Elektronische Datenverarbeitung und kaufmännische Angestellte, Frankfurt/New York 1978

Kocka, J., Unternehmensverwaltung und Angestelltenschaft, Stuttgart 1969

Kubicek, H., Interessenberücksichtigung beim Technikeinsatz im Büro- und Verwaltungsbereich, München/Wien 1979

Kuby, T., Vom Handwerksinstrument zum Maschinensystem, Berlin 1980

Küster, D., Bund und Länder errichten zentralen Personenindex, in: Deutsche Polizei, 3, 1980

Lauber, R., Prozeßautomatisierung, Berlin, Heidelberg, New-York 1976

Laug, K., u. a., Programmproduktion statt Programmierhandwerk, FhG-Berichte 2, 1980

Lem, S., Summa technologiae, Frankfurt/Main 1981

Löw-Beer, P., Industrie und Glück, Berlin 1981

Martin, T., PEARL at the Age of Three, Proc. 4th Software Eng. Conf. IEEE, 1979

Marx, K., Das Kapital, MEW Bd. 23, Berlin 1969

Matthöfer H. (Hrsg.), Datenverarbeitung, Frankfurt/Main 1976

Mickler, O. u. a., Technik, Arbeitsorganisation und Arbeit, Frankfurt/Main 1976

Mumford, L., Mythos der Maschine, Frankfurt/M. 1977

Noble, D. F., Maschinen gegen Menschen - Die Entwicklung numerisch gesteuerter Werkzeugmaschinen, Stuttgart 1979

Nora, S. und Minc, A., Die Informatisierung der Gesellschaft, Frankfurt/New York 1979

ÖVD, Fachzeitschrift für Datenverarbeitung in der öffentlichen Verwaltung, Sonderausgabe 1978

Orwell, G., »1984«, Frankfurt/Main, Berlin, Wien 1976

Petzold H., Konrad Zuse, die Technische Universität Berlin und die Entwicklung der elektronischen Rechenmaschinen, in: Rürup, R. (Hrsg.), Wissenschaft und Gesellschaft, Berlin/Heidelberg/New York 1979

Pollock F., Automation, Frankfurt/Main 1964

Randell, B., The Colossus, Int. Research Conf. on the History of Computing, University of California, 1976

Reese, J. u. a., Gefahren der informationstechnologischen Entwicklung, Frankfurt/New York 1979

Rodgers, W. H., Die IBM-Saga. Ein Unternehmen verändert die Welt, Hamburg 1969

Rubinstein, S. L., Sein und Bewußtsein, s'Gravenhage 1971

Seidel, U., Der abgelochte Mensch, Bild der Wissenschaft, 7/74

Senf, B., Politische Ökonomie des Kapitalismus, Mehrwert Bde. 17 und 18, Berlin 1978

Shaiken, H., Impact of new technologies on employees and their organisations, IIVG Papers, Wissenschaftszentrum Berlin 1979

Sohn-Rethel, A., Geistige und körperliche Arbeit, Frankfurt/Main 1973

Spur, G., Rechnerunterstützte Zeichnungserstellung und Arbeitsplanung, mehrere Hefte der ZWF 1977 bis 1979

Steiner, H., Soziale Strukturveränderungen im modernen Kapitalismus, Berlin (DDR) 1967

Steinmüller, W., Automationsunterstützte Informationssysteme in privaten und öffentlichen Verwaltungen, Leviathan, 4/75

Steinmüller, W., Staatswohl vor Bürgerrecht?, in: Bild der Wissenschaft, 7, 1976

Steinmüller, W., Der aufhaltsame Aufstieg des Geheimbereichs, in: Kursbuch 56, Berlin 1979

Taylor, F. W., Die Grundsätze wissenschaftlicher Betriebsführung, München/Berlin 1919

Traube, K., Müssen wir umschalten? Reinbek 1978

Warnecke, H. J., Rechnereinsatz in der Produktion - Ein Weg zur Rationalisierung?, 9. Arbeitstagung des IPA der FhG, Böblingen 1979

Weizenbaum, J., Die Macht der Computer und die Ohnmacht der Vernunft, Frankfurt/Main 1977

Wiener, N., Mensch und Menschmaschine, Frankfurt/Main, Bonn, 1966

Wiener, N., Kybernetik, Frankfurt/Main 1968

Wimatika 79, Vorträge zum Kongreß für Wissenschaft und Automatisierung vom 7. bis 9. März 1979 in Karlsruhe

Zuse, K., Der Computer - Mein Lebenswerk, München 1970

Glossar zur Computertechnik

Algorithmus: Eine vollständig festgelegte Folge von Einzelvorschriften zur Lösung einer Aufgabe, nach der ein Mensch oder ein Automat auf Elementen einer Menge von Eingabedaten operieren kann und dabei Ausgabedaten erzeugt.

Der Begriff ›Algorithmus‹ schließt folglich beispielsweise eine Strickanleitung wie auch eine komplizierte mathematische Lösungsvorschrift ein.

Ablaufsteuerung: Bei einer Ablaufsteuerung werden Vorgänge in ihrem zeitlichen Ablauf durch → Schaltsysteme nach einem → Programm gesteuert, das - in Abhängigkeit von erreichten Zuständen in der gesteuerten Anordnung - schrittweise ausgeführt wird. Beispiel: → Programmsteuerung im Computer, Fahrstuhl-Steuerung.

Befehl (Anweisung): Ein Befehl ist ein nicht weiter zerlegbarer Verarbeitungsschritt, z. B. eine in einer → Programmiersprache abgefaßte Anweisung oder ein Maschinenbefehl, der in der Zentraleinheit (→ Hardware) eines Computers abgewickelt wird.

Betriebssystem (Systemsoftware): Das Betriebssystem ist der Teil der → Software, der vom Computerhersteller den Anwendern zur Verfügung gestellt wird, um dem EDV-Benutzer eine Brücke zwischen der verwendeten → Hardware und seinen Anwendungsprogrammen zu schlagen. Er besteht aus Systemprogrammen, die insbesondere die Aufgabe der Ablaufsteuerung der Programme, der Speicherplatzverwaltung, der Übersetzung von → Programmiersprachen und der Fehlerbehandlung mit dem Ziel möglichst hoher Nutzung der einzelnen Funktionseinheiten wahrnehmen. Für Datenfern- und Dialogverarbeitung mit sehr vielen Benutzern eines EDV-Systems existieren spezielle, sog. Time-Sharing-Betriebssysteme.

binär: Zweiwertig (z. B. Ja - Nein, Strom fließt - Strom fließt nicht, magnetisiert - nicht magnetisiert, wahr - falsch, Dualziffer 0 - Dualziffer 1). Durch binäre Größen können daher Dualzahlen im Computer dargestellt werden.

Bit (bit): Abkürzung für ›binary digit‹. Kleinste Informationseinheit für die Darstellung binärer Zustände. Beispiel: Eine Dualziffer benötigt eine Speicherkapazität von 1 bit.

Breitbandkommunikation (Breitbandverteilnetze): Elektronische Kommunikation in Kabelnetzen. Integrierte Übertragung von Sprache (z. B. Telefon), Text (z. B. Fernschreiben), Bild (z. B. Fernsehen) und Daten (z. B. Datenfernübertragung). Insbesondere für Fernsehen und die Übertragung großer Datenmengen in Computernetzen werden ›breitbandige‹ (hohe Informationsübertragungskapazität von 140 Megabit pro Sekunde) Übertragungswege benötigt. Dies wird technisch durch Glasfaserleitungen erreicht. Alle Informationen werden elektronisch in digitaler Form transportiert.

CAD: Computer Aided Design (CAD) bedeutet computergestützte Konstruktion in industriellen Forschungs- und Entwicklungsbereichen.

CAM: Computer Aided Manufacturing ist die computergestützte Planung und Steuerung der Fertigung.

Chip: Siliziumkristallplättchen, auf dem z. Z. bis zu hunderttausend Transistoren, Kapazitäten und Widerstände einer elektronischen Schaltung enthalten sind. Insbesondere basieren → Mikroprozessoren auf der Chip-Technologie. Der Herstellung von Siliziumkristallen liegen komplizierte physikalisch-chemische Ätz- und Aufdampfvorgänge zugrunde (Mikroelektronik).

COBOL: COBOL ist eine → Programmiersprache, die für die automatische Datenverarbeitung kommerzieller Aufgaben verwendet wird. Sie ist die in Wirtschaft und Verwaltung am häufigsten eingesetzte Sprache.

Code: Ein Code ist eine Verschlüsselungs- bzw. Darstellungsvorschrift, die die Bedeutung von Zeichenfolgen festlegt. Beispielsweise müssen → Daten und → Befehle im Computer im sog. maschineninternen Code (→ Hardware) verschlüsselt werden.

Computer (Rechner, Rechenanlage, EDV-System): Der Computer ist eine informationsverarbeitende Maschine, die aufgrund eines vorgegebenen → Programmes automatisch Eingabedaten verarbeitet und dabei Ausgabedaten erzeugt. Dabei werden die Daten im Rechner in Form von binär verschlüsselten Ziffernfolgen dargestellt. Ein Computer-System besteht grundsätzlich aus zwei Komponenten: → Hardware und → Software.

EDV-Systeme können in mehreren Betriebsarten angewendet werden: Stapelbetrieb - ein Betrieb eines Rechensystems, bei dem eine Aufgabe aus einer Menge von Aufgaben vollständig gestellt sein muß, bevor mit ihrer Abwicklung begonnen werden kann; Realzeitbetrieb - ein Betrieb eines Rechensystems, bei dem Programme zur Verarbeitung anfallender Daten ständig betriebsbereit sind derart, daß die Verarbeitungsergebnisse innerhalb einer vorgegebenen Zeitspanne verfügbar sind; Dialogbetrieb - ein Betrieb eines Rechensystems, bei dem zur Abwicklung einer Aufgabe Wechsel zwischen dem Stellen von Teilaufgaben und den Antworten darauf stattfinden können (DIN 44 300).

Daten: Zeichen oder kontinuierliche Funktionen, die zum Zweck der Weitergabe Information aufgrund bekannter oder unterstellter Abmachungen darstellen (DIN 44 300).

Datei: Daten, die nach einem festgelegten Schema (→ Datenstruktur) logisch zusammengefaßt sind, bilden eine Datei. Die Personaldaten eines Beschäftigten beispielsweise sind in einem Datensatz zusammengefaßt; die Datensätze aller Beschäftigten in einem Unternehmen bilden dann die Personaldatei.

Die Leistungsfähigkeit eines EDV-Systems hängt wesentlich von einer optimalen Dateiorganisation ab. Physisch werden Dateien auf Externspeichern (→ Hardware) angeordnet. Als Speichermedien stehen Magnetbänder und Magnetplatten im Vordergrund.

Datenbank: Eine Datenbank entsteht durch Integration mehrerer → Dateien. Dabei stehen insbesondere zwei Ziele im Vordergrund: Einmal sollen Mehrfachspeicherungen derselben Daten vermieden werden, zum anderen sollen Daten logisch verschiedener Strukturen (→ Datenstruktur) miteinander verknüpft werden. Beispiel: Personalinformationssystem.

Datenstruktur: Festzulegendes Schema, nach dem unter einem bestimmten Gesichtspunkt zusammengehörende Daten angeordnet sind.

Einander in der Struktur gleiche bzw. ähnliche Anordnungen - meist als Datensätze bezeichnet - bilden eine → Datei.

In Abhängigkeit von der Verarbeitungsfolge der Datensätze und der Häufigkeit der Verarbeitung erfolgt die Strukturierung der Datei.

Die optimale Anordnung der Datensätze für die Verarbeitung ist Aufgabe der Datenorganisation.

Datenstation (Datenendgerät, Terminal): Ein-/Ausgabegerät bei der Anwendung der → Datenfernverarbeitung. Überwiegend werden Datenstationen mit Bildschirmanzeige benutzt, daneben gibt es schreibende (druckende) Datenendgeräte.

Datenfernverarbeitung (teleprocessing): Als Datenfernverarbeitung wird eine EDV-Betriebsart bezeichnet, bei der sich die Datenein/ausgabe und die Datenverarbeitung örtlich getrennt vollziehen. Diese Verwendung ist insbesondere kennzeichnend für die arbeitsplatzbezogene EDV durch Benutzung von dezentralen Datenstationen (z. B. Bildschirmterminals). Der Datentransport zwischen Datenstation und Computer erfolgt mit Datenfernübertragung durch Leitungsverbindungen oder drahtlos (z. B. Satellitenübertra-

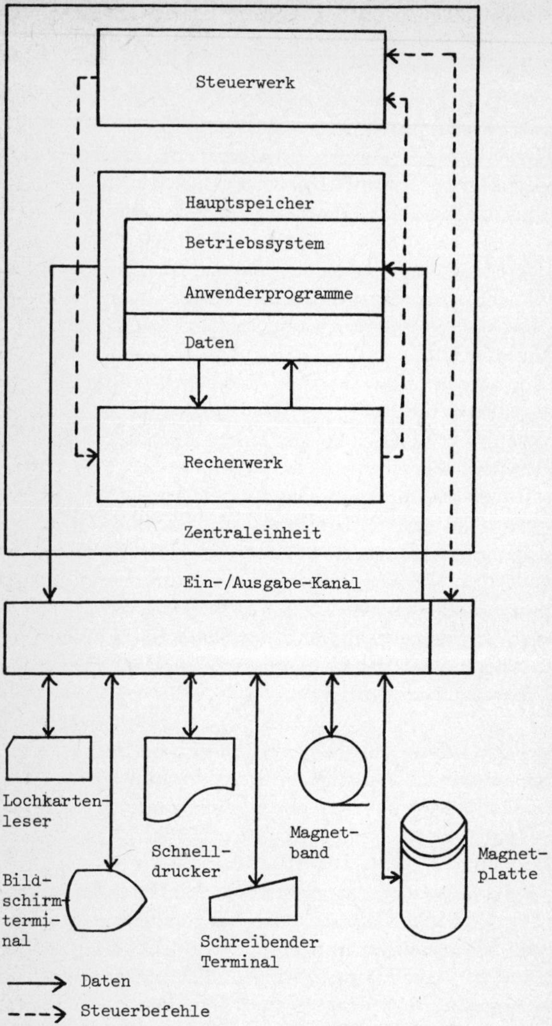

Aufbau einer elektronischen Datenverarbeitungsanlage

gungsweg). Dabei können beliebige Entfernungen (auch zwischen verschiedenen Kontinenten) überbrückt werden.

Hardware: Zur Hardware zählen die gerätetechnischen Bauelemente und Funktionseinheiten wie Zentraleinheit, Kanäle, periphere Geräte (vgl. Abbildung S. 179) sowie die die Funktionsweise eines Rechners festlegenden Systemelemente wie der maschineninterne Code und der Befehlsvorrat.

Die Zentraleinheit hat die Aufgabe, die Eingabedaten anzufordern, diese entsprechend den Programmen zu verarbeiten und Ausgabedaten abzugeben. Sie besteht aus drei Funktionseinheiten:

Das Rechenwerk führt in seinen dazu besonders eingerichteten Schaltkreisen die arithmetischen und logischen Operationen aus.

Im Steuerwerk werden jeweils nacheinander die einzelnen Programmbefehle aus dem Hauptspeicher bereitgestellt, interpretiert und deren Ausführung gesteuert. Der Hauptspeicher nimmt die Daten und Programme auf, soweit sie für die Verarbeitung benötigt werden.

Über den Ein-/Ausgabe-Kanal, der meist über eine eigene Steuerung verfügt, erfolgt die Datenübertragung zwischen der Zentraleinheit und den peripheren Geräten (Eingabe-, Ausgabegeräte, Externspeicher).

Hollerith-Maschine (Lochkartenmaschine, Tabelliermaschine): Die nach seinem Erfinder H. Hollerith benannte Maschine benutzte Lochkarten zur Speicherung von Daten in codierter Form. Über Stifte, die für jedes Loch einen Stromkreis schlossen, wurden diese abgetastet und bewegten elektromagnetische Zählwerke um jeweils einen Zählschritt weiter oder bewirkten die Öffnung von Klappen eines Sortierschranks zur Ablage der Karten. Die sog. Tabelliermaschinen enthielten zusätzlich zu einem elektromechanischen Addierwerk ein Schreibwerk zum Drucken von Listen. Später wurden z. B. die Zählwerke zusätzlich über Kontakte elektrisch abgefühlt und eine maschinelle Erfassung ermöglicht. Weitere Verbesserungen waren die Substraktion durch komplementäre Addition und die Multiplikation durch fortgesetzte stellenverschobene Addition. Die Rechenoperationen wurden über eine externe Programmsteuerung mittels Schalttafeln und Relais gesteuert.

Informationssystem: Computerorientiertes Informationsverarbeitungssystem. Meist liegen den Systemen große Datenmengen (→ Datenbank) und vielfältige Verarbeitungsprozesse zugrunde. Beispiele: Personalinformationssystem, Einwohnerdatenbank.

Mikroprozessor (MP): Ein Mikroprozessor umfaßt das vollständige Rechen- und Steuerwerk der Zentraleinheit eines Computers (→ Hardware) auf einem → Chip. Durch Erweiterung um hochintegrierte Speicherbausteine werden Mikroprozessoren zentraler Bestandteil von Mikrocomputersystemen.

NC-Steuerung: Eine numerische Steuerung (Abkürzung ›NC‹ für engl. numerical control) an einer Werkzeugmaschine, bei der die Relativbewegungen zwischen Werkzeug und Werkstück durch die das Werkstück definierenden Maßzahlen gesteuert und Schaltvorgänge durch Befehle in numerischer Form ausgelöst werden. Die Arbeitsdaten werden meist auf einem Lochstreifen der Werkzeugmaschine eingegeben. Eine Weiterentwicklung stellen CNC-Steuerungen (engl. computer-numerical-control) dar. Hierbei übernimmt ein in die Werkzeugmaschine integrierter Mikrocomputer die Steuerung.

Neue Medien (→ Breitbandkommunikation): Durch den Aufbau breitbandiger Kommunikationsnetze (»Verkabelung«) einerseits und die schnelle technologische Entwicklung mikroelektronischer Bauelemente andererseits entstehen neue elektronische Kommunikationssysteme: Kabelfernsehen, Bildschirmtext, Videotext, Fernkopieren, Bürofernschreiben (elektronische Post). Im Zuge dieser Kommunikationsformen wachsen verschiedene Informationstechnologien durch Integration zusammen: Nachrichten-, Computer-, Fernsprech- und Fernsehtechnik.

Programm: Eine zur Lösung einer Aufgabe vollständige Anweisung zusammen mit allen erforderlichen Vereinbarungen (DIN 44 300). Ein Programm ist die zur automatischen Verarbeitung in einem Computer geeignete Darstellung eines → Algorithmus'.

Programmiersprachen: Die Programmierung in Maschinensprache (→ Hardware) ist so kompliziert und zeitaufwendig, daß es für eine breite Anwendung der EDV einer Anpassung an menschliche Denk- und Ausdrucksformen bedurfte. Daher wurden seit Mitte der 50er Jahre Programmiersprachen entwickelt. Sie unterscheiden sich nach dem Grad der Nähe zu sprachlichen Ausdrucksformen in problemorientierte Programmiersprachen und Assemblersprachen. Die problemorientierten Programmiersprachen sind in ihrer Sprachstruktur weit mehr auf die zu lösenden Verarbeitungsbereiche als auf die genutzten EDV-Systeme ausgerichtet. Die Syntax dieser Programmiersprachen orientiert sich beispielsweise an der mathematischen Formelsprache bei der Sprache FORTRAN (Formular Translation) oder an Ausdrücken der englischen Umgangssprache bei der Sprache → COBOL (Common business oriented language). Die in problemorientierten Sprachen programmierten Programme werden, bevor sie im Computer verarbeitet werden, durch Übersetzungsprogramme (→ Betriebssystem) in die Maschinensprache umgesetzt. Assemblersprachen stehen der Maschinensprache nahe. Der Vorteil gegenüber der Programmierung in Maschinensprache liegt bei der Assemblersprache in der Möglichkeit der Nutzung symbolischer Sprachelemente. Vorteile einer problemorientierten Programmiersprache sind vor allem: kürzere Programmentwicklungszeiten und damit geringere Programmierungskosten sowie bessere Dokumentation der Programme.

Schaltsystem: In einem Schaltsystem sind mehrere → binäre Schaltfunktionen (d. h. Abbildungen zweiwertiger Größen in andere zweiwertige Größen) zusammengefaßt. Infolgedessen können mittels Schaltsystemen im Computer (→ Hardware) sowohl aussagenlogische Verknüpfungen (z. B. ›Und‹-Verknüpfung) auf der Grundlage der Boole'schen

Algebra dargestellt als auch arithmetische Operationen mit Dualzahlen ausgeführt werden.

Software: Die Software ist die Gesamtheit der im EDV-System lauffähigen Programme; dazu gehören insbesondere das Betriebssystem und die Anwendungsprogramme (z. B. Lohnprogramme, mathematische Funktionen). Programme eines Funktionsbereiches (z. B. Fertigungssteuerung, Statistik), die von verschiedenen Anwendern eingesetzt werden können, faßt man oft unter der Bezeichnung Standardprogrammsysteme (oder auch unter dem Namen Softwarepaket) zusammen. Diese Standardprogrammsysteme können sehr flexibel ohne eigenen Programmieraufwand benutzt werden; als Aufgabe des Anwenders verbleibt - neben der Formulierung weniger Steuerungsbefehle - nur noch eine Datenzuordnung zu den Programmen. Insofern stellen sie eine entscheidende Rationalisierungsstufe im Bereich der Software dar. Softwarepakete vielfältiger Anwendungsbereiche werden heute in großer Zahl von Computerherstellern und Softwareunternehmen erstellt und vertrieben.

Terminal: Datenendgerät zur Ein-/Ausgabe von Daten, die durch EDV-Systeme verarbeitet werden. Die häufigste Verwendung finden Terminals mit Bildschirmanzeige und Tastatur (Bildschirmgeräte).

Text: Ein Text ist eine Folge von Worten in für den Menschen lesbarer Form, die in einem bestimmten Zusammenhang als Einheit betrachtet wird (z. B. ein Brief, eine Aktennotiz). Neben Daten werden zunehmend auch Texte durch Computer verarbeitet.

Transistor: Transistoren sind elektronische Schalter. Sie lassen sich durch sog. Halbleiter erzeugen, die die Eigenschaft besitzen, in Abhängigkeit einer angelegten Spannung den durch einen Schaltkreis fließenden Strom zu steuern. Durch die → Chip-Technologie werden heute Zehntausende von Transistoren als Schalt- und Speicherelemente zu integrierten Schaltkreisen zusammengefaßt.

Ernesto Che Guevara: Politische Schriften. Politik 8/9. *DM 8,50*
Wilfried Gottschalch: Parlamentarismus und Rätedemokratie. Politik 10. *DM 7,50*
Charles Bettelheim/Ernest Mandel u. a.: Zur Kritik der Sowjetökonomie. Politik 11. *DM 6,50*
David Horowitz: Kalter Krieg. US-Außenpolitik. Politik 13/14. *DM 17,50*
André G. Frank u. a.: Lateinamerika: Entwicklung der Unterentwicklung. Politik 15. *DM 9,50*
Scuola di Barbiana: Die Schülerschule. Politik 21. *DM 8,50*
Ulrike M. Meinhof: Bambule. Fürsorge – Sorge für wen? Politik 24. *DM 8,50*
Ute Schmidt/Tilman Fichter: Der erzwungene Kapitalismus. Klassenkampf in den Westzonen 1945-48. Politik 27. *DM 9,50*
Berni Kelb: Betriebsfibel. Politik 31. 72 Seiten. *DM 5,50*
Peter Brückner/Alfred Krovoza: Staatsfeinde. Politik 40. *DM 7,50*
Johannes Agnoli: Überlegungen zum bürgerlichen Staat. Politik 46. *DM 6,50*
Claudie Broyelle: Die Hälfte des Himmels. Frauenemanzipation und Kindererziehung in China. Politik 49. *DM 9,50*
Horst Kurnitzky: Triebstruktur des Geldes. Politik 52. *DM 9,50*
Rudi Dutschke: Versuch, Lenin auf die Füße zu stellen. Politik 53. *DM 13,50*
Peter Brückner u. a.: Das Unvermögen der Realität. Politik 55. *DM 9,50*
Walter Rodney: Afrika. Geschichte der Unterentwicklung. Politik 56. *DM 14,50*
René Schérer: Das dressierte Kind. Sexualität und Erziehung. Politik 57. *DM 7,50*
Dirk Gerhard: Antifaschisten. Proletarischer Widerstand 1933–1945. Politik 64. *DM 9,50*
Lieber heute aktiv als morgen radioaktiv. Wyhler Bauern erzählen. Hrsg. Nina Gladitz. Politik 65. *DM 9,50*
André Glucksmann: Köchin und Menschenfresser. Über die Beziehung zwischen Staat, Marxismus und Konzentrationslager. Politik 67. *DM 11,50*
Dietrich Staritz: Sozialismus in einem halben Land. Von der SBZ zur DDR. Politik 69. *DM 11,50*
Georges Falconnet/Nadine Lefaucheur: Wie ein Mann gemacht wird. Politik 70. *DM 8,50*
Gerhard Hauck/Christian Sigrist/Sarma Marla: Indien. Politik 71. *DM 8,50*

Maria-Antonietta Macciocchi: Jungfrauen, Mütter und ein Führer. Frauen im Faschismus. Politik 73. *DM 7,50*

Was kommt nach den Kinderläden? Erfahrungsberichte, herausgegeben von Lutz von Werder. Politik 75. *DM 11,50*

Südliches Afrika. Hrsg.: Peter Ripken. Politik 76. 296 Seiten. *DM 17,50*

Claudie Broyelle u. a.: Zweite Rückkehr aus China. Politik 77. 276 Seiten. *DM 14,50*

Ernst Köhler: Arme und Irre. Die liberale Fürsorgepolitik des Bürgertums. Politik 79. 192 Seiten. *DM 12,50*

Tradition deutscher Justiz. Lesebuch von Kurt Kreiler. Politik 80. 312 Seiten. *DM 16,50*

Peter Brückner: Versuch, uns und anderen die Bundesrepublik zu erklären. Politik 81. ca. 160 Seiten. *DM 9,50*

Jahrbuch Politik 8. Politik 82. 160 Seiten. *DM 9,50*

H. Brüggemann, H. Gerstenberger, W. Gottschalch, U. K. Preuß: Über den Mangel an politischer Kultur in Deutschland. Politik 83. 128 Seiten. *DM 8,50*

Robert Linhart: Eingespannt. Erzählung aus dem Innern des Motors. Politik 84. 160 Seiten. *DM 9,50*

Peter Brückner: Über die Gewalt. Politik 85. 144 Seiten. *DM 8,50*

Guido Viale: Die Träume liegen wieder auf der Straße. Offene Fragen der deutschen und italienischen Linken nach 1968. Mit einem Beitrag von Thomas Schmid: Über die Linke und ihren Anteil am technokratischen Prozeß. Politik 87. 216 Seiten. *DM 14,50*

Conrad Lay: Das tägliche Erdbeben. Ein Bericht über die Stadt Neapel: Arbeitslosigkeit, Schmuggel, Mafia, Revolten. Politik 88. 216 Seiten. *DM 14,50*

Peter Löw-Beer: Industrie und Glück. Der Alternativplan von Lucas Aerospace. Mit einem Beitrag von Alfred Sohn-Rethel: Produktionslogik gegen Aneignungslogik. Politik 89. 216 Seiten. *DM 14,50*

WAGENBACHS TASCHENBÜCHEREI

Franz Kafka. In der Strafkolonie. Eine Geschichte aus dem Jahre 1914. Mit Materialien. Chronik und Anmerkungen von Klaus Wagenbach WAT I. 96 Seiten. DM 5,-
Faust. Ein deutscher Mann. Die Geburt einer Legende und ihr Fortleben in den Köpfen. Lesebuch von Klaus Völker. WAT 2. 192 Seiten. DM 9,50
1848/49: Bürgerkrieg in Baden. Chronik einer verlorenen Revolution. Zusammengestellt von Wolfgang Dreßen. WAT 3. 160 Seiten. DM 8,50
Länderkunde: Indonesien. Von Einar Schlereth. WAT 4. 128 Seiten. DM 7,50
Schlaraffenland, nimms in die Hand! Kochbuch für Gesellschaften. Von Peter Fischer. WAT 5. 224 Seiten. DM 10,-
Peter Brückner, »... bewahre uns Gott in Deutschland vor irgendeiner Revolution! WAT 6. 128 Seiten. DM 6,50
Die Geschichte des Docktor Frankenstein und seines Mord-Monsters oder die Allgewalt der Liebe. Herausgegeben von Susanne Foerster. WAT 8. 128 Seiten. DM 5,-
Babeuf. Der Krieg zwischen Reich und Arm. Artikel, Reden, Briefe. Kommentiert von Peter Fischer. WAT 9. 128 Seiten. DM 6,-
1886, Haymarket. Die deutschen Anarchisten von Chicago. Lebensläufe, Reden. Herausgegeben von Horst Karasek. WAT 11. 192 Seiten. DM 8,50
Jonas Geist Versuche das **Holstentor zu Lübeck** im Geiste etwas anzuheben. WAT 12. 144 Seiten. DM 6,50
Die Schlacht unter dem Regenbogen. Frankenhausen 1525, ein Lehrstück aus dem Bauernkrieg. Von Ludwig Fischer. WAT 13. 192 Seiten. DM 8,50
Zapata Barbara Beck und Horst Kurnitzky: Bilder aus der mexikanischen Revolution. WAT 14. 160 Seiten. DM 7,50
Weißer Lotus, Rote Bärte. Geheimgesellschaften in China. Zur Vorgeschichte der Revolution. Ein Dossier von Jean Chesneaux. WAT 15. 192 Seiten. DM 8,-
Die Kommune der Wiedertäufer. Münster 1534. Von Horst Karasek. WAT 16. 160 Seiten. DM 7,50
Grand Guignol. Das blutige Theater Frankreichs. Zusammengestellt von Caroline Neubaur und Karin Kersten. WAT 17. 128 Seiten. DM 6,50
131 expressionistische Gedichte. Hrsg. Peter Rühmkorf. WAT 18. 160 Seiten. DM 8,-
Peter O. Chotjewitz/Aldo De Jaco, Die Briganten. Aus dem Leben süditalienischer Rebellen. WAT 19. 192 Seiten. DM 7,50
Die Scheidung von San Domingo. Dokumentation v. H. C. Buch. WAT 20. 192 S. DM 8,-
GRIPS-Theater. Geschichte, Dokumente und Modell eines Kindertheaters. Hrsg. Volker Ludwig u. a. WAT 21. 192 Seiten, ca. DM 8,50
Erich Mühsam: Fanal. Ausgewählte Aufsätze und Gedichte (1905–1932). Hrsg. Kurt Kreiler. WAT 22. 192 Seiten. DM 8,50
Albert Soboul, Kurze Geschichte der Französischen Revolution. Ihre Ereignisse, Ursachen und Folgen. WAT 23. 160 Seiten. DM 8,50
Der Automaten-Mensch. E.T.A. Hoffmanns Erzählung vom »Sandmann«, auseinandergenommen und zusammengesetzt von Lienhard Wawrzyn. WAT 24. 160 S. DM 8,-
Frauenhäuser. Gewalt in der Ehe. Hrsg. Sarah Haffner. WAT 25. 224 Seiten. DM 12,-
Corrado Stajano: Der Staatsfeind. Leben und Tod des Anarchisten Serantini. Aus dem Italienischen von P. O. Chotjewitz. WAT 26. 160 Seiten. DM 7,50
80 Barockgedichte. Hrsg. Herbert Heckmann. WAT 27. 128 Seiten. DM 7,50
Peter Brückner: Ulrike Marie Meinhof u. d. dt. Verhältnisse. WAT 29. 192 S. DM 9,50
Bettina von Arnim. Eine weibliche Sozialbiographie aus dem 19. Jahrhundert. Von Gisela Dischner. WAT 30. 192 Seiten. DM 9,50
Die Päpstin Johanna. Ein Lesebuch von Klaus Völker. WAT 31. 128 Seiten. DM 6,50
Charles Fourier, Aus der neuen Liebeswelt. WAT 32. 208 Seiten. DM 9,50
Schinderhannes. ›Kriminalgeschichte voller Abenteuer und Wunder, doch streng der Wahrheit getreu. 1802.‹ Hrsg. Manfred Franke. WAT 34. 128 Seiten. DM 8,50

Baudelaire 1848. Gedichte der Revolution. Herausgegeben und kommentiert von Oskar Sahlberg. WAT 35. 160 Seiten. DM 9,-
Die Salpeterer. ›Freie, keiner Obrigkeit untertane Leute auf dem Hotzenwald.‹ Hrsg. Thomas Lehner. WAT 36. 128 Seiten. DM 7,50
99 romantische Gedichte. Hrsg. Lienhard Wawrzyn. WAT 37. 192 Seiten. DM 9,50
Ödipus. Ein Held der westlichen Welt. Von Horst Kurnitzky. WAT 38. 144 S. DM 8,50
Günter Bruno Fuchs, Die Ankunft des Großen Unordentlichen in einer ordentlichen Zeit. Gedichte, Bilder und Geschichten. WAT 39. 160 Seiten. DM 7,50
Jetzt schlägt's 13. Deutsche Literatur aus dreizehn Jahren. Hrsg. Klaus Wagenbach. WAT 40. 192 Seiten. DM 7,-
Sil Schmid, Freiheit heilt. Demokratische Psychiatrie in Italien. WAT 41. 160 S. DM 7,50
Boris Vian, Der Deserteur. Chansons, Satiren und Erzählungen. Mit einer Biographie. Hrsg. Klaus Völker. WAT 42. 144 Seiten. DM 8,50
Lessings »Nathan«. Der Autor, der Text, seine Umwelt, seine Folgen. Hrsg. Helmut Göbel. WAT 43. 256 Seiten. DM 8,50
Erich Fried, 100 Gedichte ohne Vaterland. Nachwort: Klaus Wagenbach. Eine Sammlung alter und neuer Gedichte. WAT 44. 128 Seiten. DM 8,50
Asperg. Ein deutsches Gefängnis. Von Horst Brandstätter. WAT 45. 160 Seiten. DM 9,-
Günter Bose/Erich Brinkmann, Circus. Geschichte und Ästhetik einer niederen Kunst. WAT 46, 204 Seiten. DM 9,50
Heinrich Heine, Ein Land im Winter. Gedichte und Prosa. Mit Bemerkungen von Dieter Heilbronn. WAT 47. 192 Seiten. DM 9,50
Panama. Geschichte eines Landes und eines Kanals, von der Entdeckung bis zum Vertrag von 1977/78. Von Alex Schubert. WAT 48. 128 Seiten. DM 7,50
Der Aufstand der Ciompi. Über den »Tumult«, den die Wollarbeiter im Florenz der Frührenaissance anzettelten. Von Erst Piper. WAT 49. 128 Seiten. DM 8,50
Horst Karasek, Belagerungszustand! Reformisten und Radikale unter dem Sozialisten gesetz von 1878–1890. WAT 50. 160 Seiten. DM 8,50
Tommaso Di Ciaula. Der Fabrikaffe und die Bäume. Wut, Erinnerungen und Träume eines apulischen Bauern, der unter die Arbeiter fiel. WAT 51. 160 Seiten. DM 9,50
Wilfried Gottschalch, Vatermutterkind. Deutsches Familienleben zwischen Kulturromantik und sozialer Revolution. WAT 52. 160 Seiten. DM 8,50
Puerto Rico. Inselparadies der Wallstreet oder unabhängiger Staat? Geschichte, Kultur, Gegenwart. Von Karin Röhrbein und Reinhard Schultz. WAT 53. 128 Seiten. DM 7,50
Christian Friedrich Daniel Schubart, Dichter und Staatsfeind. Leben und Umtriebe eines schwäbischen Rebellen. Hrsg. Wilfried F. Schoeller. WAT 54. 160 Seiten. DM 9,50
Hans Christoph Buch, Tatanka Jotanka oder Was geschah wirklich in Wounded Knee? Die letzte Schlacht der Indianer gegen die Weißen. WAT 55. 160 Seiten. DM 9,-
Friedrich Schiller, Der Verbrecher aus verlorener Ehre. Eine wahre Geschichte. Mit Überlegungen von Horst Brandstätter. WAT 56.
Georg Forster, Weltumsegler und Revolutionär. Ansichten von der Welt und vom Glück der Menschheit. Von Ulrich Enzensberger. WAT 57. 192 Seiten. DM 9,50
Horst Karasek, Der Fedtmilch-Aufstand oder: Wie die Frankfurter 1612/14 ihrem Rat einheizten. WAT 58. 160 Seiten. DM 9,-
Freyheit oder Mordt und Todt. Revolutionsaufrufe deutscher Jakobiner. Herausgegeben von Walter Grab. WAT 59. 192 Seiten. DM 8,50
Ernst Piper, Savonarola. Umtriebe eines Politikers und Puritaners im Florenz der Medici. WAT 60. 160 Seiten. DM 9,50
Gisela Dischner, Caroline und der Jenaer Kreis. Ein Leben zwischen bürgerlicher Vereinzelung und romantischer Geselligkeit. WAT 61. 192 Seiten. DM 9,50
Ulrike Marie Meinhof, Die Würde des Menschen ist antastbar. Aufsätze und Polemiken. WAT 62. 160 Seiten. DM 9,50
Till Eulenspiegel. Phantasien über einen Schalk. Durch 700 Jahre aufgesucht von Klaus Briegleb. WAT 63.
Atlas zusammengestellt von deutschen Autoren. WAT 64. 272 Seiten. DM 11,-
Ralf-Peter Märtin, Dracula. Das Leben des Fürsten Vlad Tepes. WAT 65. 192 Seiten. DM 9,50

Quarthefte

ᴜʀᴛ Wᴏʟғғ Autoren, Bücher, Abenteuer. Erinnerungen eines Verlegers
ᴀɴs Wᴇʀɴᴇʀ Rɪᴄʜᴛᴇʀ Menschen in freundlicher Umgebung. Satiren
ɴɢᴇʙᴏʀɢ Bᴀᴄʜᴍᴀɴɴ Ein Ort für Zufälle. Prosa
ʀɪᴄʜ Fʀɪᴇᴅ und Vietnam und. 41 Gedichte
ᴏʜᴀɴɴᴇs Bᴏʙʀᴏᴡsᴋɪ Wetterzeichen. Gedichte
ʀɪᴄʜ Fʀɪᴇᴅ Anfechtungen. Fünfzig Gedichte
ᴀᴋᴏᴠ Lɪɴᴅ Angst und Hunger. Zwei Hörspiele
ᴀʀɪɴᴀ Zᴡᴇᴛᴀᴊᴇᴡᴀ Gedichte. Aus dem Russischen von Christa Reinig
ᴏʟғ Bɪᴇʀᴍᴀɴɴ Mit Marx- und Engelszungen. Gedichte, Balladen, Lieder
ᴏʜᴀɴɴᴇs Sᴄʜᴇɴᴋ Zwiebeln und Präsidenten. Gedichte
ʜʀɪsᴛᴏᴘʜ Mᴇᴄᴋᴇʟ Eine Seite aus dem Paradiesbuch. Hörspiel
ɪɴᴛᴇɴғɪsᴄʜ 3 Jahrbuch für Literatur 1970.
Hrsg. von Michael Krüger und Klaus Wagenbach
ɪᴏʀɢɪᴏ Mᴀɴɢᴀɴᴇʟʟɪ Omegabet. Prosa. A. d. Ital. von Toni Kienlechner
ᴛᴇᴘʜᴀɴ Hᴇʀᴍʟɪɴ Scardanelli. Ein Hörspiel
ɪᴍé Césᴀɪʀᴇ Ein Sturm. Stück für ein schwarzes Theater
ᴏʟғ Bɪᴇʀᴍᴀɴɴ Der Dra-Dra. Die große Drachentöterschau
ᴇᴛᴇʀ Sᴄʜɴᴇɪᴅᴇʀ Ansprachen. Reden, Notizen, Gedichte
ɪɴᴛᴇɴғɪsᴄʜ 4 Jahrbuch für Literatur 1971.
Hrsg. von Michael Krüger und Klaus Wagenbach
ᴜʀᴛ Bᴀʀᴛsᴄʜ Die Lachmaschine. Gedichte, Songs, Prosafragmente
ᴇᴛᴇʀ Rüʜᴍᴋᴏʀғ Lombard gibt den Letzten. Theaterstück
ɪɴᴛᴇɴғɪsᴄʜ 5 Jahrbuch für Literatur 1972.
Hrsg. von Michael Krüger und Klaus Wagenbach
ᴏʟғɢᴀɴɢ Dᴇɪᴄʜsᴇʟ Frankenstein. 59 Szenen aus dem Leben der Angestellten
ʀɪᴄʜ Fʀɪᴇᴅ Die Freiheit den Mund aufzumachen. Gedichte
ᴏʟғ Bɪᴇʀᴍᴀɴɴ Für meine Genossen. Hetzlieder, Gedichte, Balladen
ᴏʟғ Bɪᴇʀᴍᴀɴɴ Deutschland. Ein Wintermärchen. Poem
ɪɴᴛᴇɴғɪsᴄʜ 6 Jahrbuch für Literatur 1973.
Hrsg. von Michael Krüger und Klaus Wagenbach
ɪɴᴛᴇɴғɪsᴄʜ 7 Jahrbuch für Literatur 1974.
Hrsg. von Michael Krüger und Klaus Wagenbach
ᴇᴛᴇʀ Rüʜᴍᴋᴏʀғ Die Handwerker kommen. Ein Familiendrama
ᴀɪɴᴇʀ Kɪʀsᴄʜ Kopien nach Originalen. Vier Portraits aus der DDR
ᴇʀɴᴇʀ Kᴏғʟᴇʀ Guggile: vom Bravsein und vom Schweinigeln
ɪɴᴛᴇɴғɪsᴄʜ 8 Jahrbuch für Literatur 1975.
Hrsg. von Michael Krüger und Klaus Wagenbach
ᴅᴏʟғ Eɴᴅʟᴇʀ Nackt mit Brille. Gedichte
ʀɪᴄʜ Fʀɪᴇᴅ Fast alles Mögliche. Wahre Geschichten und gültige Lügen.
ᴀɴs Cʜʀɪsᴛᴏᴘʜ Bᴜᴄʜ Aus der Neuen Welt. Nachrichten u. Geschichten
ᴇɪɴᴀʀ - Kɪᴘᴘʜᴀʀᴅᴛ Leben des schizophrenen Dichters Alexander M. Ein Film

TINTENFISCH 9 Jahrbuch: Deutsche Literatur 1976. Hrsg. von Michael Krüger und Klaus Wagenbach

TINTENFISCH 10 Thema: Regionalismus. Hrsg. von Lars Gustafsson

WOLF BIERMANN Die Drahtharfe. Balladen, Gedichte, Lieder

ERICH FRIED Die Beine der größeren Lügen / Unter Nebenfeinden / Gegengift. Drei Gedichtsammlungen

TINTENFISCH 12 Thema: Natur. Hrsg. von Hans Christoph Buch

BRENDAN BEHAN Die Geisel und andere Stücke. Mit einer Nachbemerkung von Heinrich Böll. Hrsg. von Ute Nyssen

ERICH FRIED Die bunten Getüme. 70 Gedichte

TINTENFISCH 13 Thema: Alltag des Wahnsinns. Hrsg. von Hans-Jürgen Heinrichs, Michael Krüger und Klaus Wagenbach

GIORGIO MANGANELLI Unschluß (Sconclusione). Prosa. Aus dem Italienischen von Iris Schnebel-Kaschnitz

WERNER KOFLER Ida H. – Eine Krankengeschichte

TINTENFISCH 14 Jahrbuch: Deutsche Literatur 1978. Hrsg. von Michael Krüger

ROBERT WOLFGANG SCHNELL Die heitere Freiheit und Gleichheit. Vier Geschichten von der festen Bindung

PIER PAOLO PASOLINI Freibeuterschriften. Die Zerstörung des Einzelnen durch die Konsumgesellschaft. Aufsätze und Polemiken. Aus dem Italienischen von Thomas Eisenhardt

TINTENFISCH 15 Thema: Deutschland. Das Kind mit den zwei Köpfen. Hrsg. von Hans Christoph Buch

VOLKER VON TÖRNE Kopfüberhals. Achtundvierzig Gedichte. Mit Grafiken von Natascha Ungeheuer

TINTENFISCH 16 Literatur in Österreich. Rot, ich weiß, rot. Hrsg. von Gustav Ernst und Klaus Wagenbach

VATERLAND, MUTTERSPRACHE Deutsche Schriftsteller und ihr Staat seit 1945. Hrsg. von Klaus Wagenbach, Winfried Stephan u. Michael Krüger

STEPHAN HERMLIN Abendlicht. Prosa

TINTENFISCH 17 Jahrbuch: Deutsche Literatur 1979. Hrsg. von Michael Krüger und Klaus Wagenbach

ERICH FRIED Liebesgedichte

CARMELO SAMONÀ Brüder. Prosa. Aus dem Ital. von Marianne Galan

WOLFGANG HERMANN KÖRNER Die ägyptischen Träume. Prosa

GIORGIO MANGANELLI Irrläufe. Hundert Romane in Pillenform

WERNER KOFLER Aus der Wildnis. Zwei Fragmente

TINTENFISCH 19 Jahrbuch: Deutsche Literatur 1980. Hrsg. von Michael Krüger und Klaus Wagenbach

STEPHAN HERMLIN Lebensfrist. Gesammelte Erzählungen

ERICH FRIED Lebensschatten. Gedichte

PIER PAOLO PASOLINI Unter freiem Himmel. Ausgewählte Gedichte. Aus dem Italienischen von Toni und Sabine Kienlechner

JOHANNES BOBROWSKI Mäusefest/Der Mahner. Zweiundzwanzig Erzählungen